www.loqueleo.es

Ronda de Europa, 5. 28760 Tres Cantos, Madrid
Teléfono: 91 744 90 60

ISBN: 978-84-9122-410-5
Depósito legal: M-8640-2022
Printed in Spain - Impreso en España

Primera edición: septiembre de 2022

Directora de la colección:
Maite Malagón
Editora ejecutiva:
Yolanda Caja
Dirección de arte:
José Crespo y Rosa Marín
Proyecto gráfico:
Marisol del Burgo, Rubén Chumillas, Julia Ortega,
Álvaro Recuenco y Laura Ruiz

Las materias primas utilizadas en la fabricación de este libro son reciclables y cumplen ampliamente con la normativa europea de sostenibilidad, economía circular y gestión energética.

Gritarán mi nombre

Manu Carbajo

loqueleo

«Aunque hombre de dos caras, yo no era,
en modo alguno, un hipócrita:
mis dos aspectos eran genuinamente sinceros.
No era menos yo cuando dejaba a un lado todo freno
y me hundía en la vergüenza que cuando trabajaba,
a la luz del día, en el adelanto de la ciencia o en
remediar ajenas desdichas y dolores».

El extraño caso del Dr. Jeckyll y Mr. Hyde
Robert L. Stevenson

15 seguidores

Mi Twitter tiene globitos 🙈
#FelizCumpleParaMí

Si quieres ser una persona famosa en internet, tienes que tener un nombre raro. O, al menos, un nombre del que no te sientas orgulloso. Un nombre con el que no dejas de preguntarte por qué tus padres decidieron bautizarte con semejante castigo. ¿En qué momento les pareció buena idea? ¿Por qué nadie les paró los pies? ¿No pensaron en las consecuencias que aquello iba a tener para su hijo cuando llegara al instituto?

Luego están los que tienen un nombre más o menos normal. Un nombre del que te puedes sentir orgulloso porque suena bien, tiene fuerza, personalidad y, además, casa bien con tu apellido. Un nombre con el que te dicen que tienes pinta de llamarte así. Pues esta gente, en vez de utilizar ese privilegio que les ha dado la vida y lucir con orgullo su perfecto y envidiable nombre, deciden ponerse un alias estúpido en internet.

Porque, como he dicho, si quieres ser una persona famosa en el mundo de las redes sociales, tienes que tener un nombre que se salga de la regla y llame la atención.

—¡Feliz cumpleaños, Avelinoooo!

Leti alargó la última letra mientras se abalanzaba sobre mí para darme un achuchón en el moflete acompañado de un fuerte tirón de orejas.

—¡Leti! —me quejé, más por el bochorno y la vergüenza del espectáculo que estábamos dando en mitad de nuestro parque favorito del barrio que por el dolor que me estaban propinando los dieciocho tirones de oreja—. Ya sabes que no me gusta que me llames así.

—Ay, Nino, de verdad... —bufó mi mejor amiga con un resoplido mientras me soltaba—. ¡Qué mal te sienta la mayoría de edad! Haces honor a tu nombre de viejo.

—Según mi abuela soy la reencarnación de su hermana Avelina, así que mal encaminada no vas.

—Tu tía abuela llevaría con mucho más orgullo y gracia este nombre tan maravilloso que la vida te ha regalado —y lo dijo dándome un codazo para volver a exaltarse con un abrazo—. ¡Felicidades! ¡Felicidades! ¡FELICIDADES! ¿Qué se siente al tener dieciocho tacos? No te voy a decir eso de la cárcel, pero...

—No lo digas...

—¡Ya puedes pedirte una copa sin miedo a que te pidan el carnet, chaval! —Un fuerte vozarrón me hizo girarme de inmediato hacia el otro extremo del parque para ver cómo Kike, mi mejor amigo, hacía acto de presencia.

—No puedo tener unos amigos más guapos —confesó Leti, aún abrazada a mis hombros, mientras veía a Kike llegar—. ¡NO-PUEDO!

—Anda, *Leticita*, déjame abrazar a este hombretón —dijo mientras me levantaba y apretujaba entre sus enormes brazos para felicitarme—. ¡Pero mírate! ¡Si hasta te ha salido una cana! Y creo que has crecido un par de centímetros. Al final vas a conseguir aparentar la edad que tienes.

A Kike le encantaba tomarme el pelo. Era lo más parecido a un hermano mayor, a pesar de haber nacido yo cinco meses antes. Sin embargo, era él quien aparentaba tener los dieciocho. Kike tuvo la suerte de desarrollarse antes. Recuerdo cuando en 2.º de la ESO me anunció con orgullo que se había afeitado por primera vez con su padre. Dos años después ya tenía que hacerlo, prácticamente, cada dos días porque la barba le salía más rápido. En los últimos años de instituto, se hizo con la medalla de guapo de la clase. Allá por donde pasaba, atraía miradas y provocaba suspiros. Era un chaval que lucía un cuerpo más adulto que el resto, alto, definido y esbelto, con una voz grave que resonaba con fuerza cada vez que se reía. Mientras, yo era un imberbe delgaducho que aún no había dado el estirón...

—Tiene gracia que seas el primero en cumplir los dieciocho, Nino —añadió Leti—. Es decir, te quiero mucho, ¿vale? Pero, sinceramente, podrías hacerte pasar por alguien de la clase de mi hermano.

—Leti, no me jodas, ¡que Pablo tiene trece años!

—¡No te enfades, bobo! Te estoy vacilando —dijo mientras se giraba hacia Kike para devolverle el abrazo y vocalizar un «no».

—Tener amigos para esto...

—¡Para esto! —anunció Kike mientras sacaba de su bandolera una botella de Licor 43.

—¡Kike! —grité en un susurro, avergonzado, mientras miraba a los lados—. ¡Que estamos en un parque público y son las siete de la tarde!

Sí, aquel era Nino Pardino.

Si no me apodaban «el Agonías» era porque ya tenía suficiente con mi nombre y apellido. Aquel chaval que acababa de cumplir la mayoría de edad no solo estaba agobiado por la posibilidad de que la policía le multara por beber alcohol en la vía pública, también estaba preocupado por el examen que tenía la semana siguiente, los trabajos por entregar, la nota de corte que necesitaba para poder estudiar en la Facultad de Química y un sinfín de objetivos más. Si estaba en aquel parque con mis dos mejores amigos era porque me parecía un poco triste y feo encerrarme la tarde de mi decimoctavo cumpleaños a estudiar o trabajar en el proyecto de fin de curso.

—Tómatelo como parte de ese experimento tuyo —concluyó Kike mientras sacaba tres vasos pequeños y servía un chupito del brebaje en cada uno de ellos.

—No soy tan carca como para buscarme excusas para beber —dije mientras agarraba el vaso y brindaba con mis mejores amigos dejando escapar un suspiro—. Vida adulta... ¡Allá voy!

—Nino, llevas siendo adulto desde hace... No sé... ¿A qué edad empezaste a hablar? —vaciló Leti.

Mi respuesta fue una sonrisa forzada en una mueca falsa acompañada de un corte de mangas con la mano que tenía libre.

—¡Por ti, Nino! —añadió Kike.

—¡Que cumplas muchos más!

—Y que estéis vosotros para verlo. Os quiero. Aunque a veces me lo pongáis muy difícil —sentencié bebiendo de un trago el dulce néctar de licor. Un escalofrío me recorrió todo el cuerpo.

—No sé si el dolor de cabeza que nos va a dar va a ser por culpa del alcohol o por la cantidad de azúcar que tiene esto —apuntó Kike—. Ya podrías haberte traído ese invento.

Existe una película que cuenta la historia de un niño que inventa chismes y cacharros muy interesantes. Jimmy Neutrón, se llama. Yo era una especie de Jimmy, pero más enfocado en la vertiente de pociones. Desde bien pequeño descubrí mi vocación como químico. Para mis padres era éxito asegurado regalarme el típico juego de probetas y mezclas químicas para jóvenes científicos. El problema surgió cuando me aburrí de mezclar los compuestos seguros que traía el propio juego infantil y empecé a descubrir la química por mi cuenta. Hasta el punto de que, cuando empecé a dar la asignatura en secundaria, yo ya sabía algunas cosas básicas, como la reacción para provocar dióxido de carbono, lo que pasa cuando aplicas calor al cloruro de cobalto o por qué es peligroso mezclar lejía con amoniaco.

Con tan solo siete años elaboré mis primeras gominolas caseras, vapores de sabores y un refresco que emulaba bastante bien el sabor de la Coca-Cola. A medida que iba creciendo, mis experimentos con la química tenían como objetivo hacer la vida más fácil a mis padres, de tal forma que creé un *quitagrasas* estupendo al que no se le resiste nada, un jabón que eliminaba la tinta de los rotuladores permanentes sin hacerte jirones la piel o unas bolas que se pegaban al cubo de la basura para evitar los malos olores.

Hice un montón de cosas, pero la mejor de todas me la reservé para el último año de instituto: un sustituto de las bebidas alcohólicas que conseguía generar el mismo estado de ebriedad, pero sin efectos secundarios como el dolor de cabeza o las náuseas. En otras palabras: inventé una bebida que no te daba resaca. Llevaba todo el curso trabajando en aquel proyecto para presentarlo como trabajo voluntario a los profesores delegados de la rama de ciencia y tecnología del instituto, y optar a una subida en la nota final de bachillerato.

—¿Qué tal llevas el proyecto «Cero Resaca»? —preguntó Leti mientras volvía a agarrar la botella para rellenar los vasos de chupito.

—Qué manía tienes con llamar a las cosas por un nombre que no es —me quejé.

—Mira, guapo, si cada vez que hable de tu experimento de ciencias tengo que llamarlo «Proyecto de estudio sobre la reducción de *no sé qué* en sangre sobre los niveles de *no sé cuántos...*», ¡apaga y vámonos! «Cero Resaca» es un nombre que tiene gancho y define de maravilla lo que estás haciendo.

—Explícame una vez más por qué quieres estudiar Arquitectura y no Publicidad —dije antes de volver a meterme un nuevo trago en la garganta.

Si te soy sincero, jamás me había imaginado a mi amiga dibujando planos o llevando un casco a las obras que firmara. Leti era una adicta a las redes sociales y una auténtica relaciones públicas de clase. Todo el mundo la conocía en el instituto; no por popular, sino por dicharachera. ¿Sabes cómo es ese tipo de persona que cae bien tanto a profesores como a la clase entera? Pues esa era Leticia.

Por aquel entonces, los tres estábamos haciendo el bachillerato en sitios diferentes. Mientras que Leti se había metido en una academia para cursar la especialización en artes con vistas a ir avanzando en su futura carrera como arquitecta, Kike y yo seguíamos en el mismo instituto, pero él escogió la rama tecnológica mientras que yo me fui por la de ciencias naturales.

Terminar secundaria fue un poco dramático porque implicó que el grupo de personas con el que llevaba compartiendo clase desde el parvulario se separara. Como si los tres mosqueteros dejaran de hacer todo juntos. Leti se marchó de nuestro instituto al terminar secundaria, Kike empezó en otra clase con nuevos compañeros y yo... me encerré más en mi mundo de químico.

—El «Proyecto de estudio sobre la inmunidad de los niveles de alcohol en sangre» —vocalicé de forma amplia y pomposa mirando a Leti— va bien. Supongo.

—¿Supones? Joder, Nino, ¡qué poca fe! —añadió Kike—. El proyecto va de maravilla. Eso sí: tienes que perfeccionar un poco el sabor porque... agradable no es, la verdad.

—Espera..., ¿¡lo has probado!? —preguntó Leti con una forzada indignación—. ¿Por qué a él le has dado de esa medicina y a mí no?

—En primer lugar, no es una medicina. Es una bebida que simula los efectos del alcohol. Y en segundo lugar, si os soy sincero..., no estoy seguro del resultado —confesé rascándome la nuca—. Hay veces que no termina de funcionar y...

—¡Qué más da! —interrumpió Kike con una carcajada—, Nino, acabas de cumplir dieciocho años y has creado una cosa que te puede hacer millonario. No sé si eres consciente, pero creo que estamos viviendo algo parecido a lo que pasa en la peli de *La red social*. ¡Dentro de nada aparecerá un Justin Timberlake para hacerte de oro!

—¡No pienso vender esto! —dije molesto—. Esto no se puede comercializar es... solo por y para la ciencia.

Mis amigos se miraron cómplices y ambos pusieron los ojos en blanco, en un claro gesto de burla hacia mi pedante lado científico. ¡Qué le iba a hacer!

—Anda..., déjate de ciencia durante un rato y vamos a hacernos una foto —dijo Leti mientras sacaba su *smartphone* y comenzaba a colocarse el flequillo.

Mi amiga tenía un don para hacer selfis. Mientras que cualquier persona normal hacía mil fotos hasta dar con la correcta, ella con solo levantar el brazo encontraba el encuadre perfecto. Además del posado, claro.

Nos rejuntamos los tres, sentados en el banco, y miramos a la pantalla, que captó el momento en un segundo.

—¡No puedo con tanta belleza! —exclamó Leti mientras seguía trasteando con su móvil, posiblemente, retocando la foto que acababa de hacer con filtros y demás cosas—. ¡Ale, listo!

No tardó en vibrarme el móvil, avisándome de que *@Letiembre* me había etiquetado en una publicación de Instagram junto con *@KikeOlympus* con el siguiente texto:

¡Feliz cumpleaños, @NinoPardino! Siempre serás nuestro pequeño-gran científico. #HappyBirthday #Felicidad #MadridNature #Instafriends #MadridMeMata

En la foto, Kike estaba en el medio, rodeándonos a los dos con sus definidos brazos y aquella sonrisa de granuja que, junto con el alborotado pelo que llevaba, me recordaba al perro de *La dama y el vagabundo*. Leti, con la mano que tenía libre, alzaba dos dedos formando el gesto de victoria, ladeando un poco la cabeza para lucir su espectacular melena rubia y esos ojos azules, heredados de su padre, que parecían guardar un mar paradisiaco. La verdad es que a mis amigos les sentaban de maravilla los últimos años de instituto. Yo, por mi parte, aparecía con la boca abierta (porque justo estaba diciendo algo en el momento en el que Leti hizo la foto), mis gafas a lo Clark Kent, un acné juvenil que no había forma de terminar de hacer desaparecer y mis delgados bracitos parecidos a los de un *stickman*.

—¿Madrid me mata? —preguntó Kike confuso cuando leyó los *hashtags* que puso Leti—. ¿Por qué nos mata Madrid?

—Ay, Kike, por Dios... —resopló Leti como si estuviera hablando con su padre—. Es un *hashtag* que está de moda. Así la foto llegará a más gente y tendremos más seguidores. Aún no sé si tus padres no te dejaban hacerte de Instagram por la tontería esta de que las redes son peligrosas o... porque tú eres un peligro en las redes.

Mi amigo, que llevaba en el apasionante mundo del postureo virtual desde hace solo unos meses por impedimento de sus paranoicos padres (quienes, por supuesto, le habían dejado hacerse de Instagram siempre y cuando tuviera el perfil privado), se acercó a Leti frunciendo el ceño y, relamiéndose los labios en un gesto que no sé si era de paciencia o de seducción, dijo:

—Punto número uno: no quiero tener más seguidores. Hay una cosa que se llama privacidad y, la verdad, me encanta. Deberías probarlo. Mira..., solo tienes que meterte aquí y darle a «perfil privado» —vaciló mientras le enseñaba el móvil a Leti—. Y punto número dos: sigo sin entender por qué Madrid nos mata. ¡A mí no me mata! ¡Esta ciudad me da la vida!

¿Te puedo confesar una cosa? Aquella primera foto que me hice con dieciocho años es de mis favoritas. Los tres salimos tan... nosotros. Tan naturales. Sonrientes. Sinceros. Éramos unos amigos que habíamos pasado toda la vida juntos y... allí estábamos: en el parque en el que yo había aprendido a andar, Kike a montar en bici y Leti a dibujar; a escasas semanas de terminar el instituto. Éramos felices. Ajenos a todo lo que se nos venía encima. A mí no me preocupaba salir con la boca abierta o que detrás apareciera un niño corriendo por el parque. No me preocupaba hacerme una foto de improviso, sin posar, sin pensar lo que transmitía con ella. Sin repetirla una y otra vez para que saliera lo más guapo y *casual* posible. ¿Hace cuánto no me hago una foto así?

Desde hace años siempre busco que lo que esté en mi galería de fotos se pueda subir a Instagram. Todo posados. Risas falsas. Andares forzados. Cada vez que voy a un sitio con unas vistas bonitas, en vez de preocuparme por disfrutar de ellas, estoy pensando en la foto que me voy a hacer y qué contenido puedo sacar con ella. ¿Puedo relacionarla con algún experimento? ¿Servirá para alguna futura promoción? De cada foto tengo una barbaridad de tomas para encontrar la perfección. Una perfección que no ha existido jamás.

Lo más triste de todo es que, a pesar de que aquella foto es una de mis favoritas, jamás la he colgado en mis redes sociales. ¿Por qué? No lo sé. Supongo que porque aquel chico de dieciocho años no era @NinoPardino.

Aquel chico era... Nino. Sin más.

Él no había llegado todavía.

Y yo era real.

16 seguidores

Se me ha caído la tostada
por el lado de la mermelada.
¿Apostamos a que va a ser
un miércoles de mierda?

Otra de las cosas que necesitas para ser una persona famosa en internet (además del nombre raro) es haber tenido un enemigo en el instituto. Un ser que se metiera contigo (normalmente, por tu nombre, tu físico, tu forma de ser o por todo ello) y que te hiciera la vida de clase un poco insoportable. En mi caso, esa persona se llamaba Jorge Marchetti. Y no te haces una idea del escalofrío que me dio ver la notificación que me avisaba de que @JotaMarchetti me estaba empezando a seguir por Instagram.

—¡Pardillo!

Jamás voy a olvidar la voz nasal del estúpido de mi compañero con apellido italiano (idioma del que no sabía ni una palabra). Marchetti se convirtió en el parásito más molesto de mis dos últimos años de instituto. Habíamos coincidido en alguna clase en secundaria, pero no fue hasta que llegué a bachillerato cuando empecé a sufrir sus burlas y humillaciones. Mientras que yo me había quedado solo, sin mis dos mejores amigos, Marchetti tuvo la suerte de poder terminar el instituto con su grupo de orangutanes.

Me concentré en ignorarlo; en seguir pendiente del juego malabar con el bolígrafo que tenía en una mano, haciéndolo girar una y otra vez. Pero Marchetti era muy insistente y no dudó en acercarse con su panda a enturbiar mi paz mental.

—Pardillo, hemos visto que ayer fue tu cumple —anunció—. ¿No nos vas a invitar a tu fiesta o qué?

—No voy a hacer ninguna fiesta —contesté sin despegar la mirada del bolígrafo.

—¿¡Cómo!? —exclamó de forma burlona y exagerada—. No, no, Pardillo. Tienes que celebrar tu cumpleaños. ¡No todos los días se cumplen doce añitos!

Aquello fue acompañado de un molesto pellizco en el moflete que me hizo tirar el bolígrafo al suelo. Tenía ganas de salir corriendo de ahí, pero tampoco podía moverme de mi pupitre. Estaba rodeado por aquella panda de monos salvajes que habían decidido entretenerse conmigo en aquel descanso entre clases.

—Venga, fiesta en tu casa este viernes —sentenció Marchetti mientras se giraba hacia toda la clase—. ¡Eh! ¡Atención todo el mundo! —gritó—. ¡Este viernes fiesta en la casa del Pardillo!

—Marchetti, deja de llamarme así —le contesté casi en un susurro que sonó a súplica, como si fuera una oveja enfrentándose a un lobo—. Además, no voy a hacer ninguna fiesta porque ya lo he celebrado.

La sonrisa burlona que lucía se le congeló y su gesto se tornó en una expresión incrédula.

—¿Qué?

—¿Y no nos has invitado? —protestó uno de los amigotes de Marchetti mientras me daba una colleja.

—No lo planeé... Y no sabía que queríais venir —contesté asustado y con la voz rota, intentando aguantar las lágrimas por la impotencia y el miedo.

«Kike, por Dios, ¿por qué elegiste el maldito bachillerato tecnológico?», pensé.

—*No sabía que queríais venir...* —me imitó Marchetti poniendo una voz de niño pequeño con una expresión triste—. ¿Ya te vas a poner a llorar, Pardillo? Venga... ¡Soy yo el que tengo que estar triste! No me has invitado a tu fiesta de cumpleaños... Somos tus amigos, ¿no?

Me concentré en la mesa. Fijé la mirada en el pupitre mientras agarraba con fuerza el bolígrafo, como si la rabia y el miedo se condensaran en el objeto. Deseé que llegara pronto la profesora y que desaparecieran de mi vista. ¡Cómo los odiaba! ¡Cómo odiaba a Kike y a Leti por haberme dejado solo con aquella gente! ¡Cómo odiaba a la profesora por retrasarse cinco minutos por culpa de su maldita adicción al tabaco!

—¡Contesta! —insistió Marchetti con una nueva colleja—. Somos tus amigos, ¿sí o no?

—Déjale, Marchetti.

Kike apareció, imponente con su casi metro ochenta y cinco, su grave voz y una mirada agresiva que no invitaba a la conciliación.

—Vaya, vaya... —le dijo Marchetti mientras ponía su mano en la espalda de mi amigo—. Mirad quién ha venido a ver a su novia.

En cuestión de segundos, Kike agarró por la pechera a Marchetti, sin importarle la custodia de sus orangutanes, y le empotró contra el pupitre que tenía detrás. Ninguno de sus amigos supo qué hacer. Se hizo el silencio en toda la clase.

—Vuelve a tocarme y te parto los dedos —amenazó.

—Ey, Kike... —intervino uno de los amigos de Marchetti—. Estamos de broma, tío. No hace falta ponerse así.

—Sí, Kike... Estamos de broma —cantó Marchetti luciendo su sonrisa lobuna—. Además, creo que te has equivocado de clase. Aquí estamos los de ciencias de verdad.

—¡Buenos días!

Cuando la profesora entró en clase, Kike soltó a Marchetti y el grupo se diluyó en un abrir y cerrar de ojos. Mi amigo se marchó por la puerta por la que había entrado, no sin antes lanzarme una mirada que no sé si era de pena o culpabilidad. O ambas cosas, quizá. En cualquier caso, la tensión empezó a esfumarse de mi interior a través de un involuntario resoplido, como si fuera un globo al que se le escapaba el aire. Marchetti, antes de sentarse en su pupitre, no dudó en despedirse dándome otro pellizco en el moflete. Me encontraba tan inmerso en el miedo y el mal rato que había pasado que no sabía ni en qué asignatura estaba...

Si Leti no hubiera subido aquella foto, Marchetti no se habría enterado de mi cumpleaños y... ¿por qué Marchetti seguía a Leti en Instagram? Nunca habíamos tenido relación con él en secundaria. ¿Y por qué me había empezado a seguir a mí en aquel momento? Justo cuando pensaba que me iba a librar de él para siempre, ¿me iba a seguir acosando por redes? En aquel instante me debatía entre devolverle el seguimiento o no. Yo, obviamente, no quería, pero... ¿y si se enfadaba? ¿Y si aquello se convertía en una nueva excusa para hacerme pasar un mal rato entre clases?

—¡Tierra llamando a Nino!

La voz de Kike me sacó de mis pensamientos. Me encontraba a su lado, caminando por el barrio de vuelta a casa. No recuerdo cómo transcurrió el resto de la jornada escolar de aquel día.

—¿Estás bien? —insistió mi amigo.

—Sí, sí... Es solo que...

—Marchetti —contestó por mí, como si no tuviera yo el suficiente valor para pronunciar aquel nombre.

—¿Crees que debería seguirle? —le pregunté confuso—. Por Instagram, digo.

—Lo que tienes que hacer es plantarle cara de una vez —me contestó con un tono algo cansado pero condescendiente—. Si no hubiera pasado por delante de tu clase...

—Así que va a ser verdad eso de que te crees mi salvador —le contesté forzando una indignación que no existía porque, en el fondo, me sentía mucho más seguro cuando Kike estaba cerca.

—No es eso lo que quiero decir, Nino. Es... —Kike se tomó unos segundos para meditar sus palabras antes de soltarlas—. Jorges Marchettis hay en todos lados.

—Oh, vaya, gracias —dije molesto e irónico—. Es todo un alivio esto que me dices.

—Nino...

—Kike, en serio, da igual —le contesté—. Me encantaría poder ser como tú, ponerme delante del imbécil este y soltarle: «Como me vuelvas a tocar, te parto los dedos» —dije imitando con desagrado un tono propio de Bruce Willis en *La jungla de cristal*—. Me encantaría poder beberme una poción que me diera todas esas cualidades que tú tienes, pero... ¿sabes qué? Ni soy valiente, ni mido casi dos metros, ni tengo un cuerpo de armario ropero, ni..., ni...

—Nino, para —me ordenó Kike poniéndose delante de mí y agarrándome los hombros para tranquilizarme—. Deja de pensar así. No puedes pensar así. Estás sobrevalorando a esa gente. ¡Marchetti solo te dice algo cuando está delante de sus coleguitas! Porque es un cobarde. Un niñato que lo único que quiere es llamar la atención y ser el protagonista, como su hermana, la *influencer* esta que...

—Su prima —le corregí—. «La *influencer* esta» no es su hermana. Es su prima.

—Me da igual. Lo que sea. Está acostumbrado a ser un don nadie en su familia y ha hecho del instituto su pequeño reino. No puedes dejar que el miedo te bloquee de esta manera, tío. No puedes plantearte si le tienes que seguir por Instagram cuando es una persona que ODIAS. ¿Por qué vas a seguirle?

—¡Pues para que no me diga nada, joder! —contesté angustiado—. Para que no venga mañana y me diga:

«Oye, Pardillo, te sigo en Instagram. ¿Por qué tú no me sigues? ¿Es que no quieres ser mi amigo?» —dije imitándole con un tono de voz tonto y burlón, pero sin esconder mi angustia.

—Se te da bien esto de imitar voces —me contestó intentando quitar hierro al asunto.

—¡Kike, joder!

—¡Pues le dices que no! ¡Que no quieres ser su amigo!

—Sí. Y la hostia que me llevo puede ser fina.

—¡No lo sabes!

—¡Sí que lo sé, Kike! Sé muchas cosas que tú... —No podía continuar—. Mira, da igual, de verdad. Solo quedan un par de semanas para terminar el puto instituto. Yo empezaré la universidad, conoceré a gente nueva y, si todo va bien, de aquí a unos años Leti, tú y yo estaremos compartiendo piso.

—Nino...

—Esta es mi forma educada de dar por terminada la conversación, Kike.

Sabía que mi mejor amigo me quería, se preocupaba por mí y solo intentaba ayudarme a salir adelante. Quizá, a veces, con cierto paternalismo, pero también es verdad que yo le había coronado con ese rol. El de hermano mayor, el de protector. Que me sintiera en el instituto más seguro cuando Kike estaba cerca decía mucho de mi situación y mi forma de pensar. Era una marioneta de un titiritero llamado Miedo. Y en aquellos años, Marchetti movía los hilos, pero... ¿quién le tomaría el relevo cuando entrara en la universidad? ¿Y en el trabajo? Ansiaba la protección y tranquilidad que me inspiraba Kike. Me había acostumbrado a refugiarme bajo sus alas y él, en el fondo, creo que también se sentía responsable de mi seguridad porque, la verdad, no tendría que haber entrado aquella mañana en mi clase si no se hubiese preocupado por echar un vistazo al aula.

«Necesito centrarme en otra cosa», pensé. Y, automáticamente, mi mente viajó al proyecto de ciencias en el que estaba trabajando. Visualicé mi dormitorio que, a la vez, era mi sala de pociones. Mi reino, mi pequeño mundo. Un lugar en el que yo era Dios y jugaba con las leyes de la química como si escribiera relatos de ciencia ficción.

Me encantaría poder beberme una poción que me diera todas esas cualidades que tú tienes.

Aquellas palabras que le acababa de soltar a mi mejor amigo resonaron en mi cabeza como si fueran el eco de una canción que no puedes dejar de tararear. Nino Pardino no creía mucho en su valentía, pero sí en su ingenio. Y aquel inocente pensamiento que vomité desde el miedo de mis entrañas aterrizó en la parte de mi cerebro en la que las ideas se maceran y crecen.

Entré en el portal de casa imaginándome aquella utopía, buscando en mi enciclopedia mental si era factible hacer más valiente a alguien de una manera científica.

Las puertas del ascensor de mi edificio se abrieron y me encontré con mi rostro reflejado en los espejos que cubrían sus paredes. Parecía mentira que tuviera dieciocho años. Aquel niño flaco de tez pálida y rostro chupado; con el pelo mal arreglado, cortado como si viviera en una época pasada; con un flequillo que invadía mi frente y se quería refugiar en las gafas que siempre llevaba. Y una mirada oscura que se ensombrecía aún más cada vez que tenía miedo. Pero en aquel momento, los ojos que vi en el espejo me transmitieron otra cosa. En ellos vi reflexión, concentración y... esperanza.

¿Podía crear un compuesto que me hiciera más valiente?

El móvil vibró y me sacó de mis cavilaciones y pesquisas mentales. Tenía un mensaje nuevo en la bandeja de entrada de mi cuenta de Instagram. El corazón se me detuvo al ver el remitente.

@JotaMarchetti

No siempre va a estar tu novio para protegerte, Pardillo.

Nos vemos mañana.

No contesté. Ni siquiera le había devuelto la solicitud de seguimiento (algo que en aquel momento me tranquilizó porque no le notificaría que había leído su mensaje).

Las puertas del ascensor volvieron a abrirse; esta vez, en la cuarta planta del edificio. Volví a mirarme al espejo y aquella mirada curiosa había desaparecido.

El miedo me volvía a dominar.

22 seguidores

> En esta casa, echamos todo el
> cocido en la sopa de fideos.
> Porque así somos los
> buenos madrileños.

Empezar un nuevo proyecto significaba comenzar un exhaustivo trabajo de investigación. Aún no había dado por concluido el experimento de la bebida que te emborracha sin resaca y ya estaba pensando en cómo sacar de mí al valiente que llevaba dentro, escondido en alguna parte de mi corazón y cerebro.

Comencé a seguir varias cuentas en Instagram sobre psicología y a distintos profesionales curtidos en este campo, con los que empecé a hablar por mensaje sobre lo que significaba la valentía a un nivel somático. ¿En qué parte del cerebro se encuentra? ¿Qué respuestas genera en el organismo? ¿Cómo se puede incentivar? ¿Existe alguna manera de potenciar la valentía en una persona? Varias de estas cuentas me devolvieron el seguimiento, a pesar de que mi perfil de Instagram estaba descuidado y lo único que subía eran fotos mal hechas de mis experimentos o alguna con Leti y Kike.

—¡Nino! —escuché a mi abuela desde la cocina—. ¡Nino, a comer!

Aquel sábado llevaba toda la mañana encerrado en mi cuarto leyendo artículos y estudios sobre mi nueva obsesión. A mi familia ya no les extrañaba verme encerrado los fines de semana en mi habitación trabajando en mis proyectos y locuras. Conocían mi pasión y compartían mi entusiasmo cada vez que un experimento daba buenos resultados (aunque la mayoría de las veces, no supieran de qué les hablaba).

—Dios bendito, Avelino —exclamó mi abuela cuando me vio, poniéndose una mano en el pecho—. ¿Aún con el pijama puesto?

El aroma a cocido, que ya hacía acto de presencia por el resto de la casa, me recibió cuando abrí la puerta de la cocina. Allí se encontraban mi abuela, dando por zanjada su tarea en los fogones, y mi padre, ya sentado en la mesa en compañía de su lectura y el aperitivo, que no le faltaba ningún domingo.

La cocina de la casa de mis padres (o mejor dicho, de mi abuela) no es que fuera pequeña, pero la mesa de comedor ocupaba gran parte de la estancia. El discreto piso que mis abuelos compraron hace casi cincuenta años, en pleno corazón del madrileño barrio de Chamberí, necesitaba una puesta a punto. Los muebles y parte de los enseres de la cocina (vajilla de cristal color caramelo incluido) parecían haber salido de la serie de televisión *Cuéntame cómo pasó*. Los azulejos de las paredes todavía lucían ese verde enfermo que no casaba bien con el color café de las encimeras. Los electrodomésticos, por suerte, se habían cambiado en los años 90, pero los fogones de gas seguían igual que cuando mi abuela cocinaba en ellos la papilla que daba a mi madre.

—Buenos días, hijo —saludó mi padre.

A papá le encantaba tomarse el aperitivo en la mesa de la cocina en compañía de un tercio de Estrella Galicia, un buen libro y algo de picoteo. Aquella mañana, por los restos que divisé en el cuenco vacío, deduje que mi abuela le había preparado una lata de berberechos con un buen chorro de limón, sazonados con pimentón y pimienta. Mis tripas, automáticamente, rugieron.

Con los cincuenta alcanzados hacía un par de años, la vejez había hecho mella en él desde que tuvo que cerrar su negocio a consecuencia del azote de una crisis económica. El futuro que llevaba años construyendo se fue al garete en cuestión de meses y su motivación se redujo a encontrar un trabajo que le permitiera cotizar lo necesario para llegar a su jubilación. Con el paso del tiempo, deduje que la tristeza pasiva que emanaba no solo era consecuencia de aquel soñado futuro laboral que no se iba a cumplir, también del propio presente. Criado con unos ideales conservadores en los que el hombre debía de ser el cabeza de familia y traer el sueldo, mi padre acabó viviendo en casa de su suegra, ayudado por la pensión de esta y con un trabajo que le servía poco más que para cotizar y cubrir su futura jubilación.

—¡Pero dile algo a tu hijo! —le espetó mi abuela.

—Es sábado... Que haga lo que quiera.

—Pero una ducha no te vendría mal, cariño —intervino mi madre, nada más entrar en la cocina; me dio un beso en la mejilla y después se dirigió a la abuela—: ¡Qué bien huele esto, mamá!

Mamá tenía mucha más energía que papá. Quizá por su filosofía de vida. Procuraba disfrutar de cada día, saboreando la felicidad que le regalaría cada momento vivido. Su trabajo en una de las guarderías del barrio la ayudó a relevar la labor de madre primeriza que tuvo conmigo y que, sin duda, la enamoró. Adoraba cuidar y educar a los críos que aún no tenían edad para empezar el colegio. El complicado embarazo que tuvo conmigo me convirtió en el único hijo de aquella familia, pero eso no le impidió encontrar su pasión en el cuidado de otros chavales y hacer de ella su profesión.

De repente, el telediario comenzó a informar de un terrible caso de *bullying* que había terminado con la víctima en el hospital. Aquello me puso los pelos de punta porque, si bien mi situación no tocaba aquel extremo, sí que me afectaba escuchar noticias como aquella.

—Qué horror... —comentó mi madre—. Pobrecito. Pobre familia.

No, mis padres no sabían absolutamente nada de lo que me pasaba en clase con Marchetti. ¿Qué necesidad había de preocuparlos con algo que tenía fecha de caducidad? Ya tenían suficiente con sus problemas como para cargarles yo con una historia que se iba a acabar en cuestión de semanas. Además, me aterraba la imagen de mi madre entrando hecha una furia por la puerta del instituto, yendo a la dirección del centro y poniendo todo patas arriba porque ningún profesor se había dado cuenta (o había querido mirar para otro lado) de lo que me estaba ocurriendo.

Salir de Málaga para meterse en Malagón, dice el dicho.

No, de ninguna manera quería arriesgarme a poner en mi contra también a los profesores y que eso afectase a mi expediente académico. Solo de pensar en la cantidad de preguntas que me podían hacer... Sería noticia por todo el instituto. Mi nombre estaría en boca de todo el mundo y... ¡no quería llamar la atención! Quería que aquel maldito curso acabara de una vez por todas y entonces..., ¡borrón y cuenta nueva en la universidad!

Siempre he sido bastante reservado con mis cosas, y en casa me limitaba a compartir las buenas noticias, no hablaba de las que no eran tan buenas. Supongo que no se nos educa para compartir el dolor o expresarlo con nuestros seres más queridos. Al fin y al cabo, la sociedad es así. Abre cualquier red social y verás que todo es felicidad y éxito. Por supuesto, hay gente que da voz a temas delicados y habla sin tapujos de ansiedad, depresión o... de situaciones como las que estaba viviendo yo en el instituto. Pero ¿qué es lo que pasa cuando alguien habla de esas cosas y se hace viral? Que el resto de gente que vomita felicidad y perfección se apodera del discurso y lo convierten en una tendencia que, de alguna manera, se amolda a sus utópicos mundos virtuales. Como si no fueran capaces de callarse y asimilar que, en ese momento, ellos no tienen que ser el centro de atención. Pero, oye..., ahí están los mensajes.

Habla, no tengas miedo.

No te calles.

No estás solo, sé por lo que estás pasando...

¡No! ¡No lo sabes! ¿Me debía tranquilizar que más gente estuviera pasando por lo mismo que yo? A mí la idea de colectivo no me daba ninguna paz. No me hacía sentir mejor ni menos solo que otras personas estuvieran pasando por lo mismo que yo. ¡Es que ni siquiera me lo planteaba! Y de hacerlo, ¿qué podía decir? «¡Ánimo, compañero! Tú tienes tu mierda y yo la mía. Ya saldremos de esto». Por supuesto que es positivo que se hable de acoso porque es una realidad, pero cuando veía a gente en la televisión hablar de ello o en las propias redes... sentía que había un punto en el que se estaba banalizando el problema. Sentía que me tenía que sentir identificado de forma obligatoria con un movimiento que, supuestamente, me quería ayudar.

Y ahí residía mi problema. No me quería dejar ayudar. ¿Por qué? No lo sé. Quizá porque entendía la vida como una maldita fórmula científica: yo era el único que conocía el compuesto y, por tanto, el único que podía ponerle solución. Nadie más. Ni papá. Ni mamá. Ni mi abuela. Ni siquiera Kike y Leti, que eran los únicos que conocían mi problema.

La noticia ocupó su minuto en la escaleta del telediario. Después apareció un anuncio grabado con algunas de las caras más famosas de la cadena para decir que *tolerancia cero contra el acoso*. Y ya está. Ahora tocaba hablar del clima.

—Hay que aprovechar el entretiempo para disfrutar de un buen cocido sin acabar sudando como un pollito —rio mi abuela mientras se sentaba cansada en una de las sillas libres—. ¡Ale! De la mesa os encargáis vosotros, que esta vieja ha consumido la energía de su día en preparar la comida.

Mientras papá emplataba los garbanzos, verduras y la carne del cocido, mamá iba sirviendo la deliciosa sopa de fideos en los platos hondos que yo iba colocando en la mesa.

—¿En qué andas trabajando ahora, mi vida? —me preguntó la abuela mientras daba un trago a la copa de vino tinto que se había servido.

—En el proyecto de fin de curso —dije, sin querer mencionar lo que de verdad me había mantenido ocupado toda la mañana.

—¿Cuándo lo presentas? —preguntó mamá.

—Supongo que la última semana de clase. No sé si después de los exámenes finales. Aún no han puesto fecha.

—Parece mentira que ya vayas a terminar la escuela... —suspiró la abuela, con cierta nostalgia, aunque en sus ojos podía ver la emoción y el orgullo que sentía al verme crecer—. Te miro y no puedo evitar acordarme de ese niño que correteaba por la casa con líquidos y mejunjes extraños, sin saber todavía formular una frase entera.

—Aprendiste las fórmulas químicas antes que a hablar —añadió papá.

—No seáis exagerados —concluí mientras me echaba en el plato de sopa los garbanzos, verduras y carnes del cocido—. No aprendí a formular compuestos hasta que empecé secundaria.

—Una cosa es lo que te enseña tu profesor —dijo mi madre— y otra lo que te enseña la vida. Con cuatro años ya sabías que la lejía y el amoniaco no se pueden mezclar.

—O el volcán ese que te regalaron por tu cumpleaños —recordó la abuela.

—Menuda liaste... —puntualizó papá riéndose—. ¿Qué era lo que mezclaste? ¿Vinagre con bicarbonato?

—Y pimentón —sonreí cuando el recuerdo de aquella tarde en mi sexto cumpleaños vino a mi mente; me visualicé mezclando los tres ingredientes que provocaron una explosión de espuma roja que acabó salpicando hasta el techo de la cocina. ¡Fue una locura!

—Hay poca gente que tenga tan claro y localizado su don, Nino —me dijo mamá—. Vas a ser un químico maravilloso.

—En tus manos encomiendo mi pensión, hijo —bromeó mi padre—. Aunque si nos toca un Euromillón... ¡Ni tan mal, oye!

Siempre tuve la inmensa suerte de que mi familia me apoyara en mi sueño científico. Gracias a que mis padres alimentaron la inquietud que sentía por la química y los experimentos, supe desarrollar por mi cuenta multitud de facetas que a día de hoy se estudian directamente en la carrera. A mis dieciocho años sabía hacer un montón de cosas a las que pondría nombre cuando llegara a la universidad y empezara a estudiar el grado en Química.

En mi interior me preguntaba qué gran experimento o descubrimiento acabaría haciendo. La innovación y lo imposible eran los dos ingredientes que formaban mis objetivos. Quizá, por aquel motivo, no veía nada descabellada la idea de conseguir dar con un compuesto que potenciara habilidades que en mi interior estaban dormidas. Me fascinaban las películas que trataban de científicos que acaban descubriendo la fórmula de la invisibilidad, la fuerza sobrehumana o la inmortalidad. Pero, si bien aquella admiración alimentaba mis sueños, ignoraba por completo las consecuencias que aquellos brebajes mágicos tenían en sus creadores.

Ojalá me hubiera preguntado por qué *El hombre invisible* acabó convirtiéndose en un asesino.

—*Nueva polémica con el famoso y, a la vez, desconocido Maximoos Life* —anunciaba la televisión—. *El joven se ha visto de nuevo envuelto en una discusión por la red social de Twitter con uno de los líderes de la oposición sobre el debate de...*

—Yo todavía no sé quién es este chico —dijo mi abuela confundida.

—Ni tú ni nadie —farfullé.

@MaximoosLife era uno de los nombres más conocidos de internet y, a su vez, el más enigmático de todos. Con más de tres millones de seguidores, nadie había visto a la persona que se encontraba detrás del avatar que tenía por imagen la ilustración de una máscara de teatro propia de la época de los romanos.

—Este es un niñato que no ha dado un palo al agua y ahí le tienes: ocupando telediarios y ganando más dinero del que verá esta familia jamás —protestó mi padre.

—Eso no lo sabes —repliqué.

—¡Vaya que si lo sé! —me contestó soltando una risotada—. Si hablan de él en las noticias, es que gana dinero.

—No me refiero a eso —expliqué—. Me refiero a que no sabes si es un niñato o una mujer jubilada.

—Cariño... —intervino mi madre—. ¿Tú te imaginas a tu abuela detrás de una cuenta con tres millones de seguidores?

—¡Cosas más raras se han visto! —añadió mi abuela ofendida.

—A lo que voy es que no sabemos la persona que está detrás de esa cuenta —concluí—. Y sí, seguramente, gane una pasta, pero... estamos dando por hecho que es una persona joven. Y no tiene por qué. Tú utilizas Instagram, mamá. Y tú, papá, lees noticias en Twitter.

—Leo la *mierda* de Twitter —me corrigió haciendo especial énfasis en el taco—. Que, en ese gallinero, poca noticia hay.

—Pero esta persona ha dado conferencias, ¿no? —preguntó mamá.

—Sí, pero siempre con la voz distorsionada y con una capucha. Y la máscara, claro.

—Jesús... —dijo mi abuela como si hubiera sentido un escalofrío—. Descrito así, parece que habláis de un terrorista.

—¡Toda esta fauna son los nuevos terroristas! —añadió mi padre, presa de la indignación—. Siempre tienen que llevar la razón, alimentan los populismos y además no hacen más que polarizar a la gente con discursos pedantes sobre lo que está bien y lo que está mal.

—Cariño —dijo mi madre intentando calmar a mi padre—, ¿ya te has enzarzado con alguno?

Mi padre, ahí donde lo ves, tenía sus discusiones por Facebook con varios desconocidos. Debates que, en su mayoría, eran políticos, acerca de la actualidad del momento o de la hipocresía de la gente. Era digno de ver cómo agitaba la tableta cada vez que discutía con alguien por esa red social.

Supongo que por eso me alejé de su lado cuando se empezó a ir todo de madre. A día de hoy me sigo preguntando en qué punto empezó a dejar de verme como a un hijo para ver al personaje en el que me convertí.

Y también me pregunto cómo no me di cuenta de que *Él* me utilizaría para alejarme de su lado y hacerme crecer en aquel mundo virtual lleno de hienas.

33 seguidores

Bienvenidos a un mundo de valientes,
liderado por cobardes.

La semana de exámenes finales llegó en un abrir y cerrar de ojos. Mientras mis compañeros de clase estaban agobiados por la cantidad de materia que teníamos que estudiar, mi estómago vibraba por culpa del proyecto en el que llevaba trabajando tantos meses y que, por fin, iba a presentar ante la junta de profesores.

—¿Me está usted diciendo... —preguntó el jefe de estudios de todo bachillerato y profesor de Matemáticas de la rama técnica— que ha inventado una bebida alcohólica que no tiene alcohol?

—Coloquialmente hablando, sí, don Gregorio. Les he traído una muestra del brebaje a cada uno por si quieren probarlo en casa y...

—Y usted, señor Olimpo, no ha presentado ningún... efecto secundario —interrumpió con una dudosa afirmación dirigiéndose esta vez a Kike, la cobaya de mi experimento.

—Ninguno, don Gregorio. Dicho coloquialmente —repitió mi amigo imitándome con un pomposo gesto—, me he emborrachado sin tener un ápice de resaca.

—Los análisis son claros —insistí—. No hay una sola gota de alcohol en la sangre de Enrique, mientras que en su sistema de neurotransmisión vemos una actividad similar a la que tiene cualquier persona cuando está ebria.

Ninguno dudó de la veracidad de las pruebas porque estaban ante Avelino Pardino: el pequeño científico del colegio que siempre había sacado buenas notas, el joven superdotado que brillaba por su honestidad. Nino nunca, jamás, haría trampas. Y menos en unas pruebas así.

«¿Sistema de neurotransmisión? ¿Alguien nos puede explicar cómo ha conseguido hacerle un escáner cerebral a Enrique?», me los imaginé pensando.

Aquella junta de profesores jamás había visto en toda su vida docente un experimento de tal magnitud. Pude ver incluso en alguno de ellos cierta mirada que rozaba más la envidia que el orgullo y la admiración.

«¿Cómo este niñato imberbe ha sido capaz de esto? ¡Seguro que ha obtenido ayuda!».

Miradas escépticas aparte, me pusieron el sobresaliente por unanimidad y, además, todos se llevaron su botella de muestra.

—¡Flipas! —me dijo Kike emocionado cuando salimos de la clase en la que presentamos el trabajo—. ¡Menuda cara se les ha quedado! ¿Crees que lo van a probar en su casa?

Meses más tarde supe que varios profesores se la bebieron juntos aquel verano y que, por supuesto, se agarraron la moña del siglo sin tener al día siguiente dolor de cabeza o náuseas que les impidieran hacer vida normal.

—Así que los rumores son ciertos, ¿eh, Pardillo?

La voz nasal de Marchetti anunció la aparición de mi némesis. Sin embargo, el orgullo que sentía por la reacción de mis profesores, añadido a que era el último día en el que vería la cara a aquel estúpido personaje, implicó que el miedo que me solía provocar se transformara en una indiferencia absoluta.

—¿Qué rumores? —pregunté, convencido de que se refería al trabajo que acababa de presentar.

—Que vas a estudiar Química. En la Complu.

—Marchetti, tío. ¿Qué mierda de rumor es ese? —intervino Kike riéndose—. Que Nino va a estudiar Química es igual de obvio que decir que un bombero apaga fuegos.

—Supongo que no tendrás problemas con la nota de corte —dijo Marchetti mientras se acercaba, como si Kike no estuviera con nosotros.

—Supongo que no —contesté.

Fue entonces cuando, sin dejar de lucir aquella sonrisa de psicópata que tenía, se aproximó a mi oído y me soltó las dos palabras que cambiarían todo.

—Yo tampoco.

La sangre se me heló. ¿Qué quería decir con aquello?

—Nos vemos en la fiesta del sábado, chavales —dijo en alto mientras se daba la vuelta y echaba a andar—. Espero que vengáis. Va a estar todo el curso. Y, además, va a venir mi prima.

—¡Qué bien lo que me cuentas, Marchetti! —le contestó Kike con una falsa efusividad—. ¡Ojalá te hubiese preguntado por ello!

—¿Qué has querido decir con eso? —pregunté, en un tono de voz casi ahogado, refiriéndome a lo que me había susurrado al oído.

—¡Hasta el sábado! —se despidió Marchetti mientras desaparecía con la panda de orangutanes que le esperaba al final del pasillo.

«Yo tampoco» podía significar muchas cosas, pero mi cerebro solo podía formular una frase.

«Yo tampoco voy a tener problemas con la nota de corte».

—¿Qué pasa? —me preguntó Kike al verme pálido—. ¿Qué te ha dicho?

No quise contarle nada a mi amigo en aquel momento para no preocuparle y para dejar de parecer el típico chaval miedica que no deja de tener paranoias con cada cosa que le dicen. Así que, sin darle más vueltas al asunto, dejé que se fuera a su última clase de instituto y yo, después de haber presentado mi trabajo final y sin nada más que hacer, opté por marcharme a casa.

Cuando salí del centro, me topé de nuevo con Marchetti y sus amigos, que celebraban el último día de instituto fumándose un cigarro a las puertas de este.

—¡Pardillo! ¡Ven aquí, anda! —dijo Marchetti.

Debí de quedarme pálido otra vez porque la cara con la que me miraban era parecida a la de unas hienas que se relamían antes de devorar a su presa. Así que, como si el espíritu de un conejo se hubiera apoderado de mí, salí corriendo calle abajo.

Tampoco es que fuera muy bueno en Educación Física, y Marchetti y sus orangutanes, a pesar de tener unos pulmones emponzoñados por el tabaco, no tardaron en alcanzarme y empotrarme contra una de las vallas del centro. Cuatro pares de manos me agarraban como si un pulpo me estuviera inmovilizando.

—Oye, oye. ¿A dónde vas con tanta prisa? ¿Es que no te vas a despedir de nosotros? ¿O cómo va la cosa? —me dijo Marchetti mientras me daba un par de cachetadas.

—¿Qué tal el proyecto, Pardillo? —sentí el fétido aliento a tabaco de uno de ellos a mi lado izquierdo.

—Muy bien, ¿verdad? —contestó Marchetti por mí—. Pardillo es un *crack*. Va a ser un superquímico. ¡No sabes la ilusión que me hace estudiar lo mismo que tú!

Fuego. Eso es lo que vi en aquellos ojos llenos de maldad. Unos ojos que se asemejaban a los de una serpiente que estaba a punto de morder a su presa.

—¡El Pardillo y yo vamos a ir a la misma uni! —anunció Marchetti orgulloso—. Qué bonito que sigamos siendo compañeros de clase. Porque somos amigos, ¿verdad?

Tenía dos opciones: aguantar la mirada a Marchetti o cerrar los ojos. Obviamente, opté por lo segundo.

—¡Eh, Pardillo! No. Mírame —me dijo mientras me agarraba la cara—. ¡He dicho que me mires! —insistió con un tono de voz más agresivo. Obedecí—. Te lo he preguntado varias veces y no me has contestado. Me estoy empezando a enfadar. ¿Somos amigos o no somos amigos?

—Sí, sí... —contesté compungido.

Marchetti volvió a sonreír, se relamió los labios y dio una profunda calada a su pitillo.

—Muy bien, Pardillo —me dijo mientras me echaba el humo en la cara—. Pues, como somos amigos, te voy a hacer un regalo. Puedes tomártelo como regalo de fin de curso o como regalo atrasado de cumpleaños. ¡Aunque no me invitaras a tu fiesta! Pero... los amigos estamos para esto, ¿no es así, chavales?

El resto de orangutanes corearon y aplaudieron a su líder.

—No hace falta que me regales nada, de verdad... Yo solo...

—Shh... —me mandó callar poniéndome el dedo índice en mis labios—. Es un regalo muy especial. Algo que quiero que tengas para siempre, para que no te olvides de nuestra amistad. —Acto seguido, se giró a sus bestias para ordenarles—: Sujetadle fuerte.

No me dio tiempo a pedir auxilio. Tampoco a suplicar que no lo hiciera.

Marchetti hundió su cigarro encendido en mi brazo derecho.

Mi grito se cortó de golpe cuando una mano me cubrió la boca. El olor a tabaco se mezcló con el de la carne quemada. Un punzante dolor viajó por todo mi brazo, como si en un pellizco me hubieran clavado las uñas y arrancado de cuajo un trozo de carne.

Aquel monstruo no quitó el cigarro de mi brazo hasta que lo apagó por completo, girándolo en su propio eje como si me estuviera enroscando un tornillo.

—Así te acordarás de invitarme el año que viene a tu fiesta de cumpleaños —me susurró al oído—. Amigo.

Mi cuerpo se liberó y Marchetti me dejó ir como la presa que era. Había jugado con la comida un rato, pero aún no se la quería comer. Todavía no.

Lo que no sabía es que aquella liebre que huía, completamente aterrada y con el rostro cubierto de lágrimas, se convertiría en un lobo al que suplicaría que no le devorara.

48 seguidores

¡Muchas gracias, @Chamberinfo, por el estupendo artículo que habéis hecho sobre mi proyecto de ciencias!
RT - Un estudiante chamberiano de bachillerato crea una bebida que no produce resaca.

El Instagram de Marchetti apestaba a egocentrismo y presunción.

Marchetti sin camiseta con sus gafas de sol y una gorra en una piscina de un ático de Madrid.

Marchetti con una copa en alto, en alguna discoteca de Malasaña, rodeado de sus amigos.

Marchetti con una chica guapísima, susurrándole algo al oído mientras la otra sonríe.

Marchetti en la nieve con su tabla de *snowboard* posando como si fuera un lagarto haciendo la fotosíntesis.

Todas sus fotos tenían varios comentarios (la mayoría de los orangutanes que le rodeaban en clase) en los que le idolatraban (¡Te quiero, hermano! Me puto caso contigo. ¡El más grande!). Y, por supuesto, tenía un montón de seguidores. ¿Cómo un ser tan ruin podía ser tan querido y popular? ¿Cómo alguien que era capaz de torturarme de aquella manera podía tener tanta suerte en la vida?

—Deja de cotillearle...

La voz de Leti me sacó de aquel trance hipnótico que te provocan las redes sociales. Exhalé una bocanada de aire, respirando aquel aroma cada vez más intenso, preámbulo del verano. Maldije en mi interior al maldito Marchetti: ¡hasta conseguía estar también presente en aquellos momentos en el parque que tanto disfrutaba con mis dos mejores amigos!

—Igual la que deberías dejar de cotillear eres tú, ¿no? —contesté de mala gana, escondiendo el móvil.

—Nino... —insistió mi amiga con paciencia y tacto, como si estuviera manipulando una bomba que pudiera explotar en cualquier momento—. ¿Qué te aporta ver su Instagram? ¿Cabrearte más? Deberías bloquearlo o silenciarlo. Esto es igual que estar cotilleando las redes sociales a un ex del que sigues pillado, no me jodas. ¡Es masoquista! Tu mente, por muy científica que sea, es también humana, querido. Y en vez de ver a un tío falso al que lo único que le importa es el postureo y las apariencias, ves lo que Marchetti quiere que veas: éxito, triunfos, una vida de ensueño.

—¿Acabas de comparar mi relación con Marchetti con la de una pareja? —pregunté alzando la ceja.

—Una pareja tóxica. ¡Supertóxica! —se corrigió a sí misma—. Además, por fin ha terminado el instituto. Le vas a perder de vista para siempre.

—Sí, bueno... —susurré en un murmullo que apestaba a ironía.

—¿Qué?

Suspiré. Era el momento de compartir con mi mejor amiga la noticia que me había arruinado el fin de curso. Antes de soltar las primeras palabras, ya se me estaba haciendo un nudo en la garganta.

—Quiere hacer Química, Leti. ¡En la Complu! —confesé con las primeras lágrimas inundando mis ojos.

—¿Qué me estás contando?

Acto seguido, dejé que la tristeza diera paso a aquella bola de furia que se había alimentado del miedo y del pánico que sentía hacia Marchetti.

—¡Es que parece que lo hace aposta! ¡Parece que su sino en este mundo es joderme la vida!

—Bueno, no pasa nada, Nino. Lo import...

—¿¡Que no pasa nada!? —estallé, levantándome del banco en el que estábamos—. ¡Leti, por Dios, que no puedo aguantar a este monstruo toda la carrera! Me he planteado hasta echar la solicitud en otra universidad... ¡Y si me tengo que ir de Madrid, pues me voy!

—No —zanjó mi amiga, levantándose para estar a mi lado—. De ninguna de las maneras vas a anteponer tu brillante futuro como científico por un malnacido. ¿Que va a tu misma clase? Muy bien. Pues que vaya. Pero ¿sabes qué? ¿Sabes lo bueno que tiene la uni? Que es un borrón y cuenta nueva. Nadie conoce a nadie. Marchetti va a estar completamente solo. Y eso le aterra, Nino. Juega las cartas a tu favor. Vas a estar rodeado de gente con tus mismas pasiones y aspiraciones. Por Dios, amigo, ¿te has visto? Me apuesto mi vida a que tienes más talento que muchos que ya han terminado la carrera. Vas a ser el tío más admirado de tu clase, Nino. Porque has nacido para destacar.

—Ya ves tú lo mucho que he destacado hasta ahora... —dije secándome las lágrimas y absorbiendo los mocos que me caían por el rostro.

—Has sido primero de promoción. Tu proyectazo está en boca de todo el puñetero instituto, Nino. ¡Y lo sé porque en la clase de mi hermano no se habla de otra cosa! —Acto seguido me quitó el móvil de la mano para ir directa a mi perfil de Instagram—. ¡Que te han hecho un artículo en el periódico del barrio! ¡Hasta te han subido los seguidores en esta última semana por ello! Mírate..., ¡más de cuarenta! Cualquier día de estos te sigue @MaximoosLife o @Carli_Amaretto.

—Mira..., si algún día me empieza a seguir la prima de Marchetti, te juro que me borro de todas las redes y me voy a vivir a la montaña.

La verdad es que mi proyecto de bebida no alcohólica que te emborracha sin que tengas resaca corrió como la pólvora en boca de todos. Hasta un periódico del barrio se hizo eco de la noticia y decidió publicar un artículo en su web. Recuerdo que en una semana me empezaron a seguir más de una decena de personas; a algunos los reconocía por los pasillos del instituto, pero otra gente no tenía ni idea de quién era. Incluso la propia cuenta del periódico y una asociación de jóvenes científicos decidió seguirme la pista por redes.

—Has nacido para destacar, amigo —repitió Leti mientras me acariciaba la mejilla en un encuentro entre nuestras miradas.

Nunca he sido una persona fría. Siempre he aguantado bien los achuchones familiares y demás gestos cariñosos que, generalmente, suelo corresponder. Sin embargo, había una única persona en el mundo que tenía el poder de dejarme completamente inmovilizado cada vez que nuestros cuerpos entraban en contacto. Duraba unos segundos, pero el poder que tenía Leti para dejarme congelado cada vez que me acariciaba, abrazaba o daba un beso en la mejilla era algo que rozaba lo sobrenatural. Mi piel, como si respondiera a una extraña descarga eléctrica, se tensaba y el vello se me ponía de punta. ¿Desde hace cuánto nos conocíamos? ¿Trece años? ¡Había perdido la cuenta! Lo único que sabía con certeza era que mi mejor amiga ejercía sobre mí un poder que nadie en este mundo tenía.

Me aparté unos centímetros de ella, pero fue suficiente para que Leti se diera cuenta de mi reacción y, con una sonrisa triste, apartara su mano de mi mejilla y continuara la conversación:

—Si Marchetti te trata así es por pura envidia. Y el muy tonto se va a meter en la boca del lobo. Va a tener que lidiar con el gran Nino Pardino —dijo con un tono que pretendía imitar los aires de grandeza de cualquier monarca.

Suspiré. ¿Cómo era posible que tuviera tal habilidad conmigo? Leti era capaz de calmar mis miedos en un segundo. A su lado, todos los problemas se descomponían en pequeñas motas de polvo que podía hacer desaparecer con un soplido. ¿Estaríamos igual el año siguiente? Cuando ella estuviera estudiando Arquitectura, con nuevos amigos, y yo Química con... Marchetti, ¿podríamos quedar tan a menudo? ¿Seguir viéndonos los tres?

—Creo que debería ir acostumbrándome a echarte de menos —le confesé.

El pensamiento salió de mi boca sin que pudiera controlarlo y Leti, asustada y confundida, se apartó de mí.

—¿A qué te refieres?

—Bueno, ahora cada uno empieza un camino distinto... Tú vas a estudiar Arquitectura; Kike, su ingeniería, y yo... —No era capaz de terminar la frase. ¿Tendría el valor de quedarme en Madrid y estudiar Química en la misma universidad a la que iba a ir Marchetti?—. El caso es que harás nuevos amigos, tendrás unos horarios distintos... Seamos sinceros, Leti: no nos vamos a ver tanto como antes.

Leti relajó su cuerpo, como si mis preocupaciones fueran las de un niño pequeño. Después me sonrió y volvió a aferrarse a mí.

—Pues tendremos que poner de nuestra parte para vernos, ¿no?

—Leti...

—No es el fin del mundo, Nino. Llevamos soportándonos toda la vida. ¿De verdad crees que te vas a librar de mí tan fácilmente? —Sentí cómo sus dedos se hundían en mi cadera, encontrándome las cosquillas.

—¡Para!

—¿Qué? ¡No puedo! ¡No tengo el control de mis manos! He sido poseída por...

Leti calló de repente. Su voz y su risa se cortaron de golpe como si un cuchillo invisible nos hubiera embestido.

—¿Y esto?

Mi sonrisa también se esfumó cuando la vi señalando la herida en el brazo que me había hecho Marchetti. Me bajé la manga corriendo, cubriéndome con vergüenza aquella marca. Acto seguido me levanté del banco y comencé a caminar. Ella hizo exactamente lo mismo.

—No es nada.

—Nada no, Nino. Tienes una maldita quemadura de cigarro.

—Déjalo, Leti, en serio...

—¡No! —me gritó mientras me adelantaba y se ponía en frente—. ¡No puedo quedarme de brazos cruzados cuando veo que están torturando a una de las personas que más quiero!

—Ya, ¿y qué vas a hacer? —contesté alzando la voz y girándome de golpe—. ¿Eh? ¡Dímelo! ¿Vas a enfrentarte a ellos? ¿A darles una paliza? ¿A hablar con sus padres y decirles que tienen un hijo muy malo?

—Nino... No puedes callarte estas cosas.

—¡Que me da igual, Leti! —grité con un nudo en la garganta—. Falta solo una semana para que toda esta mierda acabe. Eso y la fiesta de graduación. A la que, por cierto, ni siquiera sé si me apetece ir.

—¡Pues claro que te apetece ir!

—¿¡Para qué!? —contesté con las lágrimas inundándome los ojos de nuevo—. ¿Para ver cómo se emborracha y es feliz con sus superamigos? ¿Para que me restriegue lo popular que es? ¿Para que me recuerde que voy a tener que seguir viéndole la cara durante la universidad? ¡No quiero, Leti! Supuestamente en la fiesta de graduación hay que pasárselo bien y yo...

—Y tú te lo vas a pasar bien, ¿me escuchas? Marchetti no es toda la clase. El local donde se celebre seguro que es lo suficientemente amplio para que no te cruces con él. Y va a estar Kike también, porque imagino que juntarán las clases, como todos los años.

—Se van a reír de mí, Leti.

—¡Pues que se rían! Pero no les des el gusto de amargarte en la fiesta de graduación, ¿me oyes? —me dijo mientras ponía sus manos en mis mejillas y me obligaba a mirarla—. Porque nos lo vamos a pasar como nunca.

—¿Nos? —pregunté confundido.

—A ver si te crees que me voy a perder tu fiesta de graduación, guapetón.

No sé por qué sonreí. Estaba asustado. Me aterraba imaginarme aquella fiesta de graduación con Marchetti y sus orangutanes borrachos, rodeados de sus amigos y haciéndose los graciosos conmigo. Porque, por mucho que Leti intentara calmarme, sabía que aquella noche me depararía algún desagradable encontronazo. Pero escuchar de su boca que me iba a acompañar fue lo más parecido a sentir un bálsamo que calmaba mis miedos.

—Prométemelo —me pidió sin dejar de mirarme a los ojos—. Prométeme que nos lo vamos a pasar como nunca.

—Te lo prometo —contesté en un suspiro.

Un abrazo, cálido y sincero. Puro y pleno. Un abrazo de una amistad tan fuerte que siempre me he preguntado si aquella magia y conexión que había entre nosotros dos era algo más. Leti apagaba mis miedos y me cargaba de valentía. Me encendía la luz cuando esta, de repente, se apagaba. Quizá por eso me sentía tan indefenso desde que empezamos bachillerato. Nuestros caminos se habían separado y la fortaleza que siempre me había dado a lo largo de los años se había visto mermada por su ausencia. Pero... ahí estábamos. A punto de terminar el instituto, a las puertas de nuestro futuro. Un futuro lleno de incertidumbre y miedos, con el único deseo de seguir formando parte de nuestras respectivas vidas.

A última hora de aquella tarde, el sol se estaba escondiendo por las montañas de la sierra de Guadarrama. El cielo anaranjado anunciaba la inminente llegada del verano y los colores fríos de la noche se tornaban en un precioso púrpura rosado. Y Leti estaba ahí, conmigo. Preciosa y radiante, como una estrella en el firmamento.

—Déjame tu móvil —le pedí.

Ella me lo dio sin preguntarme el motivo porque, de alguna forma, me había leído la mente y conocía mi intención de querer inmortalizar aquel momento. La chica que más admiraba del mundo posaba para mí con aquella perfecta luz. Y como si me leyera el pensamiento, se agitó la melena y yo capté ese momento en el que sus rubios cabellos parecían transformarse en llamas, como si la llegada de la noche la convirtiera en un ángel.

Aquella fue la última foto que le hice a Leti. Sentí un nudo tan fuerte en el estómago, tan doloroso, que no me atreví a volver a verla a través de una lente. Había algo en mi interior incapaz de soportar la belleza tan pura que había en aquel retrato. Por eso me asustó tanto lo que vi. Y del mismo modo que reprimía mis emociones más dolorosas con el acoso que me hacía Marchetti, también apagué las que me hacían más feliz.

Aquella misma noche, Leti cambió su foto de perfil en todas sus redes sociales por la que le hice aquella tarde.

Y fue cuando, inconscientemente, empecé a alejarme de ella.

50 seguidores

¿Por qué en las fiestas de graduación ves a gente que en tu vida has visto en clase?

Hablar de @MaximoosLife implica hablar de dinero, fama, polémica y secretos. ¿Quién es @MaximoosLife? ¿Cómo era posible que una persona con millones de seguidores permaneciera en el anonimato? Nadie sabía quién se encontraba detrás del avatar romano que lucía. Nadie era capaz de poner cara a aquella voz con un filtro que le agudizaba el tono. Sí que hubo muchos rumores y teorías sobre la persona que se encontraba detrás. Hasta el punto de existir un reportaje televisivo que, siguiendo las pistas, planteaba que fuera una mujer de cuarenta y muchos años que había decidido crearse un perfil falso para espiar a su hijo en redes y que, finalmente, acabó convirtiéndose en una de las personas más famosas del país. Ni siquiera yo descartaba aquella teoría tan descabellada. ¡Podía ser cualquiera! ¿Cómo lo hacía?

Pero no quiero adelantar acontecimientos.

Por aquel entonces, yo no seguía mucho a @MaximoosLife. Únicamente, sabía de su existencia cuando coronaba las tendencias de las redes sociales o cuando Leti nos enseñaba algo suyo que le había hecho gracia. Humorista, filósofo, defensor de causas perdidas, abogado de santos y diablos, juez de todo lo que se mueve. Tenía una opinión para cualquier cosa. Nadie se la pedía, pero él la daba. También consejos, por supuesto. Porque ¿qué es un *influencer* si no da consejos? @MaximoosLife era la sátira hecha tecnología y, lo más impresionante, un eterno camaleón generacional. Se sabía adaptar de maravilla al momento que era tendencia, llegar al público que mejor le posicionara. Consiguió no tener rival alguno y conquistar la cima de una montaña de la que no se bajó. No era como el resto que, pocos años atrás, eran también muy conocidos y ahora mismo no se acuerda nadie de ellos. Porque así es la fama en las redes, como un árbol de hoja caduca. Hoy tienes miles de *likes* en tus publicaciones y, de repente, mañana desapareces, las marcas te dejan de llamar y escuchas por primera vez el nombre de un fulano que tiene más seguidores que tú. Sin embargo, @MaximoosLife consiguió lo imposible; algo que casi ningún profesional de las redes sociales tiene en cuenta: vencer el paso del tiempo, no caer en el olvido. Ser imperecedero.

Pero, como bien te he dicho, por aquel entonces a mí este señor (o señora) me importaba más bien poco. Con mis cincuenta seguidores lo único que me preocupaba era la maldita fiesta de graduación.

—No sé si quiero ir, Leti —le dije a mi amiga nada más descolgar el móvil cuando vi su llamada.

—Pero ¿qué dices? ¡Si queda menos de una hora! Y yo ya estoy vestida —contestó con un tono de voz poco amigable.

—Leti…, yo… —respondí con una voz ahogada mientras me abría el cuello de la camisa.

—¡Nino! ¡Ya vale! ¡Déjate de tonterías! He pagado treinta pavos por emborracharme en esa barra libre de garrafón. Así que más te vale estar en media hora en el portal de tu casa vestido y con la maldita corbata puesta, porque si no seré yo la que suba y te haga el nudo. Y créeme, ¡no lo haré de forma delicada!

Leti no me dio opción alguna de responder. Me quedé ahí plantado, en frente del espejo, con el teléfono en la oreja y mirando el patético aspecto que iba a lucir en la fiesta de mi graduación. Con nulo entusiasmo, salí de casa desganado, arrastrando los zapatos por el viejo parqué del pasillo, dirigí una escueta despedida a mi familia (quienes, por supuesto, me dijeron que iba guapísimo) y esperé a Leti en el portal. Como siempre, llegó con unos cuantos minutos de retraso, pero cuando la vi doblar por la esquina de mi calle se me detuvo el corazón y el aliento. Apareció con un vestido verde esmeralda corto, caminando hacia mí como si el tiempo se hubiera ralentizado, dejando que su recién alisado pelo rubio acompasara cada movimiento de su cuerpo como si fuera un reptil. Y su sonrisa. Aquella sonrisa que era capaz de iluminar más que todas las farolas de la calle.

—¿Y bien? —me preguntó sin dejar de sonreír mientras daba una vuelta sobre sí misma para que pudiera verla.

—Estás guapísima, Leti —confesé sin dudarlo.

—Gracias —dijo con una reverencia—. Tú también. Aunque…

Cuando sentí sus manos sobre mi cuello, una descarga eléctrica me sacudió todo el cuerpo. ¿Qué me estaba pasando? ¡Leti era mi mejor amiga y nos conocíamos desde hacía años! ¿Por qué me ponía tan nervioso de repente? Aquellas sensaciones me asustaban, así que, cuando di un paso atrás (de manera completamente inconsciente, he de confesar), Leti alzó la ceja.

—Relájate, solo voy a ponerte bien el nudo de la corbata —me confesó mientras hacía lo predicado—. Listo. ¿Preparado?

—No.

—¡Me encanta tu entusiasmo y positivismo! ¡Vamos a emborracharnos!

Momentos después estábamos en el sótano de un garito de Atocha que apestaba a desinfectante y ambientador de pino junto a otras cincuenta personas con sus mejores galas, dispuestas a beberse hasta el agua de los floreros, para celebrar el fin de toda una era: la escolar.

Mientras Leti y Kike ya estaban con una copa en la mano, bailando y haciendo el tonto al ritmo de la música que sonaba, yo me limitaba a estar aparcado en una esquina, intentando pasar lo más desapercibido posible para que Marchetti y su clan de orangutanes no se me acercaran.

—¡Ven! —me ordenó Leti mientras me agarraba de la mano.

Tú y yo, los dos juntitos, frente al mar. Decía la canción que sonaba en aquel instante.

—¡Eh! ¡Cuidado! —me quejé cuando por culpa de su tirón me derramé parte de mi copa sobre la chaqueta.

Leti me contestó poniendo unos pucheros irónicos para después transformar su cara en una mueca burlona.

—Quítate ese palo invisible que tienes en el culo y ven a bailar con nosotros.

—¡Me has mojado la chaqueta!

—¿¡Y qué!? ¡Es una chaqueta, Nino! ¡Por Dios! Mañana la echas a lavar. Seguro que con tus detergentes caseros la mancha se quita sin problemas. ¡Vamos!

Leti volvió a cogerme de la mano mientras daba saltos con su copa en alto hacia Kike y un par de compañeros de clase que llevaba sin ver desde que terminamos secundaria. Mientras que otros querían lucir el traje, mi amigo ya se había quitado la chaqueta y remangado la camisa. Y es que Kike, con aquel estilo desaliñado que exhibía y la barba incipiente que se dejaba, estaba mucho más guapo que otros que se preocupaban por mantener el traje impoluto.

En cuanto me acerqué al grupo, mi amigo no dudó en rodearme con uno de sus brazos mientras cantaba la canción que sonaba. Kike me conocía demasiado bien. Sabía lo que me preocupaba y que no me hacía ni puñetera gracia estar aquella noche en un garito de mala muerte celebrando el fin de la etapa escolar. Pero también sabía cómo animarme. Él y Leti eran mi medicina emocional, mi chute de energía cada vez que estaba triste. Me daban fuerza y valor cada vez que me entraban los miedos e inseguridades que, de vez en cuando, una voz en mi cabeza avivaba como si fueran las llamas de un incendio a punto de descontrolarse.

Kike me miró con su sonrisa canalla y, después de darme un beso en el pelo, alzó su copa sin dejar de mirarme:

—Por el fin de esta etapa y el comienzo de otra —me dijo—. Por el futuro, amigo.

—Por el futuro —repitió Leti.

Y entonces sonreí. Sentí que el mundo a mi alrededor desaparecía. Aquellas dos personas eran capaces de calmar cualquier tormenta que rugiera en mi interior y con su presencia me sentía protegido, a salvo de las bestias que me aterraban y de los miedos que me acechaban.

Choqué mi copa contra las suyas, di un trago a mi roncola y me uní a los saltos, cánticos y la locura de aquel lugar. Como si fuéramos brujas celebrando nuestro aquelarre. El alcohol no tardó en hacer sus efectos y, momentos después, estaba dando abrazos y achuchones a mis dos mejores amigos, recordando batallas con mis antiguos compañeros de secundaria y soltando frases como «eres un tío de puta madre» a desconocidos.

Y entre las fotos, los *stories*, *tiktoks* y *follows* que envolvían aquella exaltación de la amistad, apareció. Lo hizo como si hubiéramos invocado a un demonio con tanta red social y pose falsa. No era consciente de que la chica que acababa de entrar en aquel garito cutre de Atocha me iba a cambiar la vida.

Y era, nada más y nada menos, que la prima del maldito Marchetti.

53 seguidores

Nota mental: no saltes, que se derrama.

Apareció con el móvil en la mano, por supuesto. Grabando su entrada triunfal mientras sonaba uno de los éxitos del momento. Horas después comprobé que aquello iba para TikTok. Movía los labios como si cantara la canción mientras su cuerpo se contoneaba con cada paso que daba, regalando en el último segundo un guiño a la cámara del último iPhone.

Sabía quién era, pero no la seguía por sus redes sociales. Leti, por el contrario, sí. Y, por las miradas de la gente, mi amiga no era la única que había dado *like*, comentado o compartido el contenido de la prima de Marchetti.

—¡Es @Carly_Amaretto! —exclamó Leti sorprendida—. ¡No pensé que fuera a venir!

Carla Marchetti, más conocida como @Carly_Amaretto, tenía veintidós años y más de trescientos mil seguidores en sus redes sociales. Una diva de TikTok, una princesa de Instagram que compartía su *sex-appeal* de sangre italiana con el mundo. Su vida, llena de lujos, era un contenido adictivo para muchos. Quizá porque a la mayoría le resultaba inalcanzable vivir algo así y la única forma de saborearlo era a través de las redes sociales de la chica.

Carly fue directa hacia Marchetti y sus amigos. No tuvo ni siquiera que buscarlo porque la gente le hizo un pasillo que la guio hasta él. El tío que más detestaba en aquel momento se hizo el sorprendido cuando vio a su prima y no dudó en abalanzarse hacia ella, fundiéndose los dos en un abrazo más falso que las extensiones color violeta que llevaba. Marchetti alzó los brazos, orgulloso, luciendo a la chica como si fuera un trofeo y terminando su *performance* mirando directamente al móvil de su prima, que había sido testigo de toda la pantomima.

Todas las miradas del maldito garito estaban puestas en ellos. Algunos aprovechaban para hacer una foto desde lejos a Carly. Otros, como Kike, preguntaban confusos qué estaba pasando.

—Una *influencer* —contesté con un desprecio que me resultaba imposible disimular con la borrachera que llevaba—. Eso es lo que está pasando.

—Mírala... —comentaba Leti sin dejar de mirar a Carly—. ¿Sabéis cuánto cuesta el diminuto bolsito que se ha traído?

—Más que todos nuestros ahorros juntos, seguro —apuntó Kike dando un trago.

No me acuerdo de la cantidad de improperios que se me pasaron en aquel momento por la cabeza, solo recuerdo sentirme como un bloque de hielo en cuyo interior había estallado un volcán lleno de furia y envidia. La herida del cigarro me empezó a arder como si ese calor interior hubiese encontrado su vía de escape, como si aquella costra que estaba cicatrizando no se fuera a curar jamás. Kike debió de verme el rostro porque no dudó en ponerme la mano en el hombro mientras pedía la atención del grupo.

—Ahora que varias de las personas más importantes de mi vida estáis compartiendo un breve momento del espacio-tiempo, tengo que daros una noticia —anunció con una sonrisa nerviosa—. Me han dado una beca para irme a Islandia.

Los chillidos de Leti, los vítores del tío que tenía en frente, el abrazo del chaval que estaba a la izquierda de mi amigo... Todo aquello lo viví como si fuera un narrador omnisciente, porque me quedé completamente congelado en el sitio. Kike apagó con una frase el fuego que segundos antes me estaba quemando. ¿Una beca? ¿A Islandia? ¿Eso significaba que se iba a marchar de Madrid?

—No... —conseguí articular, tragando la saliva que se me había quedado estancada en la boca—. No sabía que habías pedido una beca.

—No os lo quise contar a ninguno porque... —decía mi amigo, nervioso, incapaz de mirarme—, porque no quería hacerme ilusiones.

Fue entonces cuando se atrevió a enfrentar sus ojos con los míos y en ellos vi cierta culpabilidad. Era muy consciente de que a mí no me hacía ni pizca de gracia que se fuera de Madrid, mucho menos a una isla perdida por el norte del globo terráqueo a la que solo podía llegar en un viaje de avión que duraba cuatro horas.

«¿No querías hacerte ilusiones o no querías matar las mías?», pensé en aquel momento.

—¡Islandia! —gritó Leti emocionada y en un *shock* mucho más agradable que el que yo tenía—. ¿Por qué Islandia? Es decir..., ¡Kike! ¡Empieza a hablar ya!

A mi amigo se le presentó en la carpeta de *spam* un correo que le hablaba de la carrera del futuro: las energías renovables. Pero lo que más le fascinó fueron las fotos promocionales que lo acompañaban: paisajes naturales volcánicos, gigantescas cascadas que arrasarían pueblos enteros, molinos de viento que giraban sin cesar... «La naturaleza es energía», decía el eslogan. Y entonces descubrió Islandia y Google le presentó el programa internacional de estudios con sus respectivas becas.

Quise decirle que yo a Islandia no me podía ir a vivir. También que Leti y yo no podíamos pagar el alquiler de un piso en Madrid entre los dos. Hasta me planteé, cuando escuché las carcajadas de Marchetti, remangarme para que viera la quemadura y recordarle con quién me iba a dejar.

Pero no lo hice.

No lo hice porque quería a Kike. Porque, a pesar de que a mí no me hacía ninguna gracia la noticia que nos acababa de soltar, pude ver en su relato la emoción de la oportunidad que se le presentaba. Kike era mi mejor amigo, mi hermano. No de sangre, pero como si lo fuera. ¿Por qué no me lo había contado? ¿Por qué no era capaz de mirarme? Yo lo sabía. Él también: estábamos asustados. Yo porque creía que me iba a quedar solo, él porque creía que me dejaba solo. Y, joder..., ¡cómo dolía!

No sé si fue por culpa del alcohol. Lo más seguro es que sí porque yo, cada vez que bebo, me dejo llevar mucho por las emociones. Así que, cuando nuestros ojos se volvieron a encontrar y él aguantó la mirada durante unos segundos, yo dejé que las lágrimas y los pucheros aparecieran en escena y me aferré al pecho de mi amigo, abrazándole y escondiendo mi rostro; mostrándole mis miedos para que los apagara.

—No te voy a decir que no quiero que te vayas porque eso ya lo sabes —le susurré en una congoja que solo él entendió—. Así que solo te voy a decir que te quiero, te apoyo y te deseo lo mejor. Y que hablemos por videollamada, por tu puñetera madre.

—Eres el tío más valiente que he conocido, Nino —me contestó mi amigo con otro susurro entrecortado—. Que nunca nadie te diga lo contrario, ¿me oyes?

Qué bonito hubiera sido que la vida hubiera puesto el punto y final de nuestra amistad justo en aquel momento. Un adiós prematuro cargado de palabras inocentes pero puras. Llenas de bondad y buenas intenciones. Intoxicadas por las utopías de dos niños que habían crecido juntos y cuyos caminos se iban a separar. Qué bonito hubiera sido que aquel Nino hubiera aceptado las cosas y hubiera tomado las decisiones de su vida con honestidad en vez de hacerlo con miedo.

Y qué bien habría hecho aquel chaval si hubiera escuchado su voz interior, que unas pocas horas antes le gritaba: «Quédate en casa».

53 seguidores

Nota mental 2: quédate en casa.

Ahogué el disgusto de la noticia de mi amigo con más ron. Más bailes. Más tonterías. Pero ¿sabéis qué pasa al esconder la mierda debajo de la alfombra? Que, cuando esta rebosa, puede desbordarse en el momento menos pensado. En el colegio se nos enseña a sumar y a restar, pero no a lidiar con las emociones. Así que, cuando algo no me gustaba o me entristecía, me daba unos minutos de luto y después intentaba seguir con la vida como si nada. Restándole importancia a las cosas que me afectaban porque, como no sabía enfrentarme a ellas, lo mejor era ignorarlas y seguir caminando.

La avalancha se desató cuando Leti, en el mismo estado ebrio que llevábamos todos, me dijo que tenía ganas de conocer a la prima de Marchetti y hacerse una foto con ella. ¡Como si fuera una fan loca!

—¡Voy a saludarla! —dijo mi amiga mientras se giraba e iba como abeja a la miel hacia el grupo de Marchetti.

—Leti, ¡no! —supliqué en un grito ahogado.

Cualquiera que me hiciera una foto en aquel momento vería cómo me quedé congelado en el sitio, alzando el brazo que tenía libre en modo súplica para intentar detener a mi amiga.

—Déjala —me dijo Kike mientras devolvía mi extremidad a su sitio—. Ya sabes cómo es.

—No es ella quien me preocupa es...

—Lo sé —me interrumpió mientras miraba a Marchetti—. Pero no te comas la cabeza. Ahora mismo está demasiado entretenido jugando a ser popular.

Kike tenía razón. Tenía que relajarme y dejar de sentirme como una presa ante la lejana presencia del estúpido de Marchetti. Sin embargo, cada vez que le veía o pensaba en él, la herida que me había hecho con el cigarro me ardía y dolía como si me estuviera quemando por primera vez.

Pero lo intenté.

Intenté centrarme en la conversación que mantenía Kike con sus otros amigos, pero hablaba tan emocionado de Islandia y la dichosa carrera de las energías renovables que, sinceramente, lo que menos falta me hacía era aquello.

Me limité a seguir bebiendo mientras miraba de reojo a Leti, quien ya se había hecho «íntima» de Carly y estaba hablando con los amigos de Marchetti como si nada. ¿Es que no se acordaba de la cantidad de torturas y malos ratos que me habían hecho pasar aquellos orangutanes? Después de lo mucho que se había cabreado cuando me vio la herida, ¿cómo era posible que estuviera allí con ellos, como si nada? Sentí una punzada de dolor y traición en el estómago. Kike se marchaba a Islandia y ahora Leti..., ¿se marcharía ella también? ¿Y si se hacía tan amiga de Carly que se iba a vivir con ella y yo me quedaba solo? Marchetti me había quitado muchas cosas, pero no me iba a quitar a mi mejor amiga. No estaba dispuesto a dejar que aquel monstruo me arrebatara lo que más…

Una arcada me sacó de mis pensamientos.

Me llevé la mano a la boca antes de sentir la acidez del líquido subiendo por el esófago. Le di mi copa a Kike y, sin decir palabra alguna, me fui corriendo al baño. Tuve que pasar por delante del grupo donde estaba mi mejor amiga con los Marchetti y, lógicamente, me vieron, porque iba llamando la atención, chocándome contra todo el mundo mientras me cubría la boca con la mano.

El hedor a orina que me sacudió cuando entré en el servicio me provocó otra arcada que anunciaba la inminente llegada del vómito. Y, cuando abrí aquel retrete, cubierto de pis por el suelo, papel higiénico mojado y la cadena sin tirar, dejé que todo el alcohol que había ingerido saliera por mi boca. Las náuseas se mezclaron con la repugnancia que me daba aquel lugar y el cabreo que tenía encima.

Tenía que salir de allí.

Quería irme a casa, meterme en la cama y dormir para siempre. Me coloqué las gafas e hice unas respiraciones profundas, pero el maldito olor a meado volvió a inundarme los pulmones y me provocó otra arcada que, gracias a haber vaciado todo lo que tenía en el estómago, no acompañó nada más.

Cuando salí del retrete vi a varios compañeros en los urinarios, mirándome mientras vaciaban sus vejigas y me hacían un gesto de pulgar con la mano que tenían libre. Me dijeron alguna frase recurrente que no entendí mientras me echaba agua del grifo en la cara.

«Qué lástima das», me dije mientras contemplaba el nefasto aspecto que tenía con aquella camisa barata manchada con salpicones de vómito y un pelo que había perdido toda la gomina que le había echado.

—Tío..., ¿estás bien?

Kike apareció por detrás y entonces, como si fuera un niño pequeño, me puse a llorar sobre su hombro. Otra vez.

—Tranqui —me dijo—. No pasa nada. Un mal viaje lo tenemos todos.

—Sí que pasa —contesté moqueando—. Me quiero ir a casa.

—Vale, pero antes vamos a salir a tomar el aire. Te va a venir bien.

Kike me adecentó un poco y me limpió la camisa mojando un trozo de papel higiénico en agua. Cuando me recuperé un poco, salí del baño a su lado y... empezó el numerito de Marchetti.

—Señoras y señores..., ¡un fuerte aplauso para Nino Pardillo!

Leti corrió hacia mí en cuanto me vio colgado del brazo de Kike.

—¿¡Qué te ha pasado!?

—Nada... Que se ha pasado con el ron —dijo Kike.

—No me he pasado con el ron —balbuceé—. Yo...

—¡Pero Pardillo! ¿No te ha funcionado la bebida esa milagrosa que has creado?

—No he bebido-la-bebida mila...

—Cállate, Marchetti —le ordenó Leti dándole un empujón.

—Deberíais pedirle un taxi y mandarle a su casa... Los niños pequeños tienen que estar durmiendo a estas horas.

—¿Por qué no vuelves con tus colegas y tu prima? —apuntó Kike.

Me sentía ridículo en aquel momento. Humillado. Mi mejor amigo me aguantaba como buenamente podía porque yo no era capaz de mantenerme en pie. Si hace un rato todas las miradas estaban puestas en Carly, ahora el que estaba dando el espectáculo era yo. Alcé la mirada del suelo y mis ojos se encontraron con los de la prima de Marchetti. Mientras que los orangutanes de sus colegas se reían y me hacían fotos (o vídeos) con el móvil, ella permanecía serena, con una extraña mueca que no sé si transmitía felicidad o incomodidad. Sus ojos, ámbares y felinos, no dejaban de estudiarme igual que yo a ella en aquel momento. Marchetti me descubrió mirándola y no dudó en aprovechar la oportunidad.

—Oh... Así que conoces a mi prima, ¿eh? ¿Quieres una foto con ella, Pardillo?

—¡Primo! —gritó Carly mientras sacaba el móvil y se preparaba para hacer un selfi grupal enfocando al lado opuesto en el que estábamos—. Ven, corre.

Marchetti desapareció como si fuera el maldito correcaminos. Seguro que se excitó cuando vio cómo su prima le invitaba a salir en la foto que iba a colgar en su famoso perfil de Instagram. ¡Cómo le gustaban la farándula y las apariencias!

Kike y Leti me ayudaron a salir de aquel sótano para respirar un poco de aire. Cuando sentí el frescor de la noche veraniega azotando mi rostro, respiré profundamente, como si por fin mis pulmones recibieran el oxígeno que llevaban demandando desde hacía horas. Mis amigos me llevaron a una zona más tranquila y me ayudaron a sentarme sobre el saliente de una jardinera que adornaba la calle.

—Ya está —dijo Kike mientras me agarraba el rostro e intentaba incorporarme—. Te va volviendo el color... —Después se giró hacia Leti—. Voy un momento al chino a comprar una botella de agua.

Kike desapareció dando varias zancadas mientras yo volvía a refugiar mi rostro en mis manos. Entre el mareo que aún tenía y que no me apetecía una mierda estar a solas con Leti... ¡la cabeza me iba a estallar!

—¿Cómo te encuentras? —me preguntó.

—Muy bien —contesté con ironía—. ¿No me ves? ¡Estoy de fábula!

—Tranqui, nos podría haber pasado a cualquiera.

—¡Sí, pero me ha pasado a mí! —le grité alzando las manos y mirándole a los ojos por primera vez.

—Nino, de verdad. No pasa nada —contestó mi amiga riéndose.

—¿Que no pasa nada? —le espeté cabreado—. ¡Oh! ¡Claro! ¡Qué cosas tengo! ¡No pasa nada por haber dado el espectáculo en la fiesta de graduación delante de todo el mundo! ¡No pasa nada porque mi mejor amigo se va al puto fin del mundo a jugar con los volcanes y los monolitos! ¡No pasa nada por haber sido humillado otra vez por el gilipollas ese! ¡No pasa nada porque tu mejor amiga te haya dejado solo en la fiesta y se haya ido con (¡oh, sorpresa!) el gilipollas en cuestión!

—Relájate, Nino, estás sacando las cosas de quicio —me contestó Leti con un tono de voz más serio.

—¡No me digas que me relaje, Leti! —grité—. ¡Sabía

que esto era una mala idea! Pero ¿sabes qué? Lo que no me esperaba es que fueras a traicionarme de esta forma.

—¿¡Traicionarte!? —me preguntó incrédula—. ¡Si te he defendido!

—¡Pero estás con ellos! ¡Te lo pasas bien con ellos! —grité con lágrimas en los ojos.

—¿¡Y qué!? ¿No puedo divertirme?

—¡Con ellos NO!

La rabia y el dolor que contenían aquellas tres palabras dejaron a Leti helada. Y yo volví otra vez a cubrirme el rostro con las manos. Exhausto. Hundido. Triste y cabreado.

—¿Sabes qué, Nino? No sé por lo que has pasado —contestó mi amiga calmada—. Aun habiéndome contado lo que has estado sufriendo con Marchetti, no puedo hacerme una idea de lo que sientes. Pero te voy a decir una cosa: la rabia y el dolor que tienes hacia esa gente, hacia la vida en general..., no son sanos. Te están consumiendo, Nino. ¡Mírate! A Kike le han dado una beca de la leche y tú... eres incapaz de alegrarte por él.

—Eso no es verdad —dije ofendido.

—¡Sí que lo es, Nino! Vives en tu mundo fantástico, con tus reglas, tu forma de ver las cosas y..., y... —suspiró, intentando tranquilizarse—. ¿Te crees que Marchetti me cae bien? ¡Por supuesto que no! ¡Es un gilipollas! Y el sentimiento es mutuo, porque ni se ha dignado a saludarme cuando me he acercado. Pero su prima sí que me cae bien. Y otros chavales que estaban ahí, también. ¡A la mayoría hacía dos años que no los veía, por Dios! No voy a dejar de hablar con una persona porque sea familia o amigo de alguien que no soporto. La vida no funciona así.

—Tenemos formas muy distintas de ver la vida —farfullé.

—No hace falta que lo jures.

—No había una más pequeña —interrumpió Kike apareciendo con una botella de agua de dos litros—. Aunque yo, si fuera tú, me la bebía entera.

—Me voy dentro —dijo Leti—. Si queréis algo, escribid por el grupo de WhatsApp.

Kike abrió la botella y me la ofreció mientras veía cómo Leti se unía a la multitud de gente que esperaba para entrar impaciente en aquel garito de mala muerte. Después me miró con la ceja alzada porque sabía que algo no iba bien. Los tres nos conocíamos desde hacía mucho tiempo y había comportamientos, tonos y formas de actuar que no necesitaban explicación alguna.

—¿Qué ha pasado? —me preguntó.

—Nada. Yo... —suspiré antes de dar un trago a la botella de agua—. Estoy bien, Kike. Gracias. Vete tú también dentro. Ahora voy yo.

—No pienso dejarte aquí solo en este estado.

—¡Que estoy bien, joder! ¡No soy un niño pequeño! ¡Me puedo quedar solo! Tendré que acostumbrarme, ¿no?

—Nino, no vayas por ahí, porfa. No la pagues conmigo. No es justo.

Claro que no era justo. ¡Nada era justo! ¿La vida es justa? Solo cuando le da la gana serlo. Y aquella noche no quería ser muy justa conmigo. Respiré hondo e intenté tranquilizarme para no soltar por mi boca cosas de las que pudiera arrepentirme.

—Kike... —contesté con un suspiro, más calmado—. Estoy bien, de verdad. Pero ahora mismo necesito estar solo.

Kike me estudió durante unos segundos.

—Escríbeme si te vas a ir, ¿vale?

—Y también cuando llegue a casa, tranquilo —le confesé, dando a entender que no iba a regresar al maldito antro.

Mi amigo me dio un beso en la cabeza, acompañado de aquella caricia en la nuca en forma de colleja cariñosa que tanto le caracterizaba. Después siguió el camino de Leti y volvió a meterse en aquella discoteca, mientras que yo me aferraba a la botella de agua e intentaba despejar mi mente del alcohol y de las rayadas mentales que me perforaban la cabeza.

Me refugié en el teléfono móvil, pero en vez de ponerme a ver las cuentas sobre ciencia y tecnología que seguía, me puse a cotillear el Instagram de varios compañeros de clase; a ver sus historias para saber si alguien me había grabado yendo al baño o sufriendo el numerito de Marchetti cuando salí de los servicios con Kike sujetándome. Por suerte, parecía que los protagonistas de la fiesta eran el alcohol, la música y alguna foto con @Carly_Amaretto. Todos tan felices, tan contentos y yo tan..., tan en la mierda.

¿Por qué? ¿Por qué el tío más listo de aquella discoteca, el que había sacado la mejor nota de todo bachillerato estaba tan sumido en el drama y la miseria? ¿Qué fallaba en mi vida? ¿Qué era lo que me agobiaba hasta el extremo de no dejarme disfrutar de una maldita fiesta de adolescentes llena de hormonas y una barra libre?

—Es un gilipollas.

Su voz me sacó de la vida virtual y me devolvió de golpe a la real. Cuando levanté el rostro, me encontré con Carly sentada a un par de metros mientras se fumaba un cigarro.

—Mi primo —aclaró al ver mi desconcierto—. Es un auténtico gilipollas —subrayó mientras sacaba un paquete de tabaco y me ofrecía un cigarrillo—. ¿Quieres?

¿Qué hacía esta tía hablándome e invitándome a un pitillo? O, mejor dicho, ¿qué hacía la prima famosa de Marchetti iniciando una conversación con el Pardillo?

Rechacé su ofrecimiento con un simple gesto de negación y volví a refugiarme en la botella de agua. No quería invertir ni un segundo más de mi tiempo en cualquier cosa o persona que estuviera relacionada con el maldito Marchetti.

—A mí también me lo hacía, ¿sabes? —confesó—. «Carda», me llamaba. La fea de su prima llena de granos. —Al escuchar aquello no pude evitar lanzarle una mirada incrédula que ella captó al instante—. Tendrías que haberme visto hace unos años, en plena pubertad. Era una paella andante.

Carly dio una profunda calada a su cigarro y dejó escapar el humo. Su mirada viajaba por el firmamento nocturno, lleno de estrellas invisibles por culpa de la contaminación lumínica.

—Cualquiera lo diría —dije por fin.

—El Roacután hace milagros.

—Me refiero a que cualquiera diría que te tratara así. Con lo bien que os lleváis ahora...

Carly dejó escapar una risa llena de amargura y cansancio al escucharme decir aquello.

—¿Sabes cuándo dejó de meterse conmigo? Cuando empecé a tener más números en las redes y sus amigos le decían: «Oye, ¿tu prima es @Carly_Amaretto?» —confesó mientras daba otra calada—. Y entonces el temible Jorge Marchetti se convirtió en un perrito faldero que haría lo que fuera con tal de caerle bien a su prima.

—¿Y te cae bien?

—Por supuesto que no. Míralo. Me da vergüenza ajena. Va de duro por la vida y no es nada sin su grupo de coleguitas. A mi primo se lo van a comer vivo en la universidad.

—No sé yo...

—Ya te digo yo que sí. ¿Tú a este lo ves con pinta de químico? —me preguntó—. Porque yo no.

La verdad es que no me imaginaba a Marchetti con la bata de laboratorio, rodeado de empollones como yo. Por

Dios, si se perdía con la tabla periódica de los elementos y confundía los gases nobles con los halógenos. Me reí.

—Ríete, ríete. Ya me lo dirás el año que viene —me dijo, y yo, sorprendido, iba a preguntarle cómo sabía que iba a estudiar lo mismo que él—. Le ha faltado tiempo para contarme que iba a tener que aguantar al pringado de la clase en la uni.

Carly se levantó y se sacudió el vestido que llevaba. Parecía mentira, pero la glamurosa y feliz chica que había entrado en la discoteca hacía unas horas había desaparecido para dar paso a otra persona.

—El pringado —repetí en un susurro.

Ella se acercó sin despegar la vista de la pantalla del móvil mientras tecleaba a toda velocidad y me dijo:

—Si he venido a esta fiesta de mala muerte es porque mis padres me lo han pedido como favor de cara a mi tío. —Me miró a los ojos y, alzando la mano como si fuera una Corleone, sentenció con acento italiano—: *La famiglia*.

Se me escapó una sonrisa que ella me devolvió. Una sonrisa real que me guio hasta unos ojos de color ámbar que rozaba el amarillo, pasando por una discreta nariz que tenía un pequeño aro en uno de sus laterales. Las mechas violetas que emanaban de su cabello rubio ceniza pendían formando un perfecto peinado algo ondulado. Sentía estar ante una especie de Medusa o de sirena mitológica que me eclipsaba con su belleza para después devorarme el alma. Porque, a pesar de quedarme en aquel momento completamente prendido de la peculiar belleza de

@Carly_Amaretto, en mi interior no dejaban de sonar las alarmas avisándome de que la sangre Marchetti corría por sus venas.

—¿Eso lo has hecho tú? —me sacó del trance señalando mi móvil.

Bajé la vista y vi en la pantalla las fotos de mi perfil de Instagram con algunos de mis experimentos.

—¿Esto? Sí, bueno... Son tonterías de químico.

—¿Cómo te llamas?

—Nino —dije.

—Me refiero en tus redes.

—¡Ah! —contesté nervioso—. @NinoPardino.

—Vaya... Mi primo lo tenía a huevo, la verdad —contestó Carly mientras volvía a centrarse en su móvil.

—Sí, bueno... Tengo el *pack* completo: nombre y apellido.

Cuando vi cómo aquella chica estudiaba las fotos de mi perfil de Instagram, sentí un nudo en el estómago. No porque una *influencer* estuviera viendo mi trabajo, sino porque una perfecta desconocida, delante de mis narices, lo estaba haciendo.

—Son cosas aburridas, la verdad —dije intentando que la muchacha dejara de cotillear mi perfil.

—¿A ti te aburre?

—¿Qué? ¡No! A mí me encanta.

—Pues eso es lo importante —sentenció sin despegar la vista de la pantalla—. Y tengo que confesarte que cosas como «bebida sin resaca» o... ¿oreos que brillan en la oscuridad? ¿También le das a la cocina?

—No, no. Es... Bueno, me encanta comer oreos por la noche y a veces no sé donde las dejo, así que decidí dotarlas de cierta fosforescencia comestible y...

Callé. Carly se volvió a reír.

—Dios mío, eres superfriki. Pero en el buen sentido de la palabra.

—No sabía que existía un mal sentido en esa palabra.

—Bueno, teniendo en cuenta que *freak* viene de *rarito*, créeme..., hay raritos que no molan tanto como tú.

—Em... ¿Gracias? —contesté forzando una sonrisa.

—Dios mío, ¿todo esto lo has hecho tú? Te vas a comer a mi primo en la universidad —continuó riéndose—. Creo que Jorge lo único que sabe hacer es... eso de la cocacola con los mentos. Luego cotilleo tu perfil con más calma.

Con aquella frase, Carly dejó caer el cigarrillo que se estaba fumando y lo apagó con la tapa del tacón. Después, se giró sin decirme nada y puso rumbo a la discoteca mientras yo me quedaba ahí sentado mirando a aquella chica tan peculiar irse.

—Por cierto —me dijo girándose de golpe—. Luego vamos a seguir la fiesta en mi casa. Estará el gilipollas de mi primo, pero también va a venir tu amiga y gente maja. Creo. Si te quieres apuntar, estás invitado.

Dudé durante unos segundos con una mueca que mezclaba la confusión con las pocas ganas que tenía de estar con su primo en un espacio más reducido.

—Creo... que me voy a ir a casa —confesé.

Ella me contestó con una sonrisa y un gesto de victoria, para después girarse y regresar al interior del local, no sin antes ser detenida por un par de personas que la habían reconocido y querían hacerse una foto con la famosa *influencer*. Me impactó ver cómo, en un abrir y cerrar de ojos, la Carly que no disimulaba su asco por el local y su primo recuperó el semblante feliz y amigable que lucía en sus redes. Como si se hubiera puesto de forma inmediata una máscara.

¿Qué acababa de pasar? No daba crédito. La situación me pareció tan surrealista que tuve que quedarme un rato más sentado. La prima de Marchetti, quien daba la casualidad de que era una celebridad de internet, había visto mis experimentos, hablado conmigo y me había invitado a una fiesta privada en su casa. ¡Fiesta a la que iba a ir Leti! Una parte de mí, que aún era presa de los efectos del alcohol, sentía que todo aquello era un delirio consecuencia de mi borrachera.

Sin embargo, cuando volví a centrar mis ojos en la pantalla del móvil y vi la notificación de seguimiento de @Carly_Amaretto, con su icono de verificación azul, me di cuenta de que aquello había sido real.

Y yo, lógicamente, me metí en su perfil y pulsé ese botón virtual que decía: «Seguir también».

54 seguidores

Jo, qué noche.

Necesitaba despejarme. 83

La botella de agua que me había comprado Kike me había sentado muy bien, pero tenía que beberme un par más para depurar el alcohol que llevaba aún en sangre.

«Solo a ti se te ocurre inventar una bebida que te emborracha sin efectos secundarios y optar por darle al roncola en tu noche de graduación. ¡Bravo, Nino!».

Pasear me vendría de maravilla. Podía ir andando a casa perfectamente desde donde estaba. ¿Cuánto tardaría? ¿Unos treinta o cuarenta minutos? Nunca había hecho aquel camino, pero me daba igual perderme. Alargar el paseo activaría mi cuerpo y ayudaría a bajar la borrachera que llevaba encima.

Me ubiqué con los mapas del móvil y comencé a caminar hacia mi destino. Intenté despejar la mente, pero mi cabeza, como si fuera un proyector de cine, me recordaba el ridículo que había hecho nada más salir de los baños, la imagen de Leti riéndose con los amigos de Marchetti o la mirada que me había echado Kike cuando anunció su marcha a Islandia. Y el broche de oro a cuenta de Carly

Marchetti (o @Carly_Amaretto, para los fans) confesándome que odiaba a su primo, le gustaban mis experimentos y aquella invitación a la fiesta de su casa. Pero ¿qué le pasó al mundo conmigo aquella noche? ¡Qué noche!

Sacudí la cabeza inconscientemente, como si todos aquellos pensamientos fueran unas molestas moscas que no dejaban de rondarme. Respiré hondo y me dejé llevar por la noche madrileña: las calles que nunca duermen, el olor a asfalto mojado mezclado con el de la basura recién recogida, los colores de los distintos carteles que alumbraban el pavimento...

No te pienses que estaba a punto de salir el sol porque, más bien, la madrugada había empezado hacía relativamente poco. En mi camino me cruzaba con otros transeúntes noctámbulos: grupos de amigos que salían de un garito para meterse en otro, parejas que volvían a sus casas abrazados después de una cena que se había alargado más de lo debido, desconocidos que intercambiaban sus deseos más íntimos en una sola noche, vagabundos con la esperanza de encontrar algo que llevarse a la boca...

Quizá en quienes más me fijaba era en aquellos que, al igual que yo, viajaban solos. ¿De dónde vendrían? ¿A dónde irían? ¿Habrían tenido una noche tan nefasta como la que había vivido yo? ¿Estaría ya Leti en el piso de Carly con Marchetti y el resto de la gente? ¿Y Kike? ¿Se habría ido? ¿Estarían mis dos mejores amigos codeándose con..., con...?

Me entró una nueva arcada y sentí nublarse mi visión. Me detuve, buscando con la mano algo a lo que agarrarme. Volví a respirar de forma profunda, intentando relajarme.

—Se te está yendo la cabeza, Nino —me susurré a mí mismo mientras me apoyaba en la pared—. Se te está yendo la maldita cabeza.

—¿Un mal viaje, amigo?

Una voz grave y rugosa, de un marcado acento extranjero, me sacó de golpe de mis cavilaciones como si alguien me hubiera rescatado de una piscina en la que estaba a punto de ahogarme. El olor de la calle se empezó a confundir con el de la secreción corporal fuerte y densa del hombre que tenía a unos metros de mí. Contuve una nueva arcada.

—Sí, sí... No se preocupe —dije incorporándome para ver el rostro de la persona que se había preocupado por mi estado—. Se me pasará... enseguida.

Unos ojos azules, escondidos en un rostro de tez muy morena, me observaban con curiosidad, mientras que una boca sucia de dientes descolocados al amparo de un bigote canoso me sonreía con cierto deseo. El anciano, que parecía haber salido del mismísimo cuento de *Alí Babá y los cuarenta ladrones*, permanecía alejado de la luz de la farola bajo la que yo me encontraba. Su cabello se refugiaba en un turbante negro, mientras que sus ropas eran actuales y desaliñadas: vaqueros raídos, zapatillas rotas y una sudadera de cremallera abierta que dejaba al descubierto un pecho de piel rugosa. El hombre no se inmutó ni un ápice; se limitó a seguir sonriendo sin dejar de mirarme, como si fuera un vampiro acechando a su presa. Un escalofrío me sacudió todo el cuerpo.

—¿Necesita algo? —pregunté sin conseguir disimular mi nerviosismo.

—Yo no —me contestó, aún en las sombras—, pero tú sí.

Me empecé a reír. No sé si por el miedo o por lo absurda que me resultaba aquella situación. ¿En serio? ¿Más cosas raras? ¿Qué más me podía pasar en aquella noche de graduación?

—Mire, caballero..., he tenido una noche de mierda —le contesté cansado—. Solo quiero llegar a mi casa, meterme en la cama y olvidarme de este día para siempre.

—Olvidar es de necios. Recordar, de genios. Y tú, amigo, pareces un genio —me dijo, con un tono cantarín que acentuaba más su lengua extranjera. ¿Árabe, quizá?

—De poco me sirve tener estas gafas de sabelotodo y sacar la mejor nota de mi promoción si luego no soy capaz de...

—¿Vivir? —me interrumpió sonriente.

—Sí, supongo que sí... —contesté más para mí mismo que para aquel desconocido—. De tener el valor para... vivir. O disfrutar de la vida, quizá.

El hombre dio un paso, saliendo de aquella oscuridad para dejar que la luz le descubriera, como el actor que se pone bajo el foco de un escenario, listo para empezar su número. Su pestilente y persistente hedor me volvió a invadir los pulmones, pero algo había en su mirada, en aquellos ojos de serpiente azul, que me retenía con un efecto hipnótico que escapaba de toda lógica.

—Tengo lo que necesitas —anunció.

—No, no... —contesté nervioso, al sospechar de sus intenciones—. No quiero drogas. No las consumo.

El hombre rio abriendo su boca de dientes torcidos y alzó el mentón, como si quisiera que su carcajada se escuchara hasta en el mismísimo cielo.

—Aún no te he ofrecido nada —sentenció.

—Ni me lo va a ofrecer —contesté tajante y preocupado por si aparecía la policía—. Yo no soy esa clase de chico.

—¿Y qué clase de chico eres?

—Pues... alguien responsable, que no se droga ni fuma ni...

—¿Bebe? —me interrumpió él.

—¡Ha sido mi noche de graduación! Me he tomado un par de copas —me excusé—. Aunque no lo parezca, soy mayor de edad, ¿eh? Pero... no tomo drogas.

—Estás asustado —dijo, acercándose cada vez más, sin dejar de sonreír.

—No..., pero me está usted agobiando —contesté mientras me iba desplazando discretamente por la pared.

—¿Por qué?

—¡Pues porque no sé quién es ni qué quiere de mí! ¿Quiere dinero? ¿Es eso? ¿Va a robarle la paga de la semana a un pobre chico?

—¡Tranquilo, amigo! —contestó el hombre alzando los brazos y aparcando su sonrisa—. No voy a robarte. Quiero hacerte un regalo —confesó con una reverencia.

Fue entonces cuando sus huesudos dedos se introdujeron en el interior de la sudadera que llevaba, rebuscando en los recovecos que solo él conocía. Volvió a sacar la mano con el puño cerrado, la extendió hacia mí y descubrió lo que guardaba en su palma: un fino papel parecido al del tabaco de liar sobre el que descansaban los pétalos azules de unas flores secas. El hombre hizo una reverencia cuando me ofreció aquello, como si fuera un cura sosteniendo la sagrada forma que acabara de bendecir.

—No hace falta que me regale nada, yo...

—Acéptalo —me interrumpió serio y tajante—. Por favor.

No sé si fue por la amenaza que escondía su tono de voz o por la deshonra que le podía provocar mi negativa. En cualquier caso, tragué saliva y cogí el pequeño paquete de su mano. Lo observé con detenimiento.

—Gracias —contesté con un nudo en la garganta, por miedo a ofenderle.

—No me las des a mí —dijo mientras se volvía a incorporar—. Dáselas a ella. Ha sido quien te ha encontrado.

—¿Ella?

—Ella —dijo en un susurro, como si no le estuviera permitido pronunciar tal nombre, señalando los pétalos azules que sostenía en mis manos—. Ella es energía. Encuentra al perdido. Ayuda al necesitado. Conduce al destino.

Volví a observar los pétalos marchitos, que aún conservaban un potente color azul.

—Y tú... Tú tienes *eso* que ella busca. Lo veo. Lo siento.

Mis cinco sentidos se centraron en lo que aún sujetaba sobre la mano, como si la hipnosis proviniera de aquellos pétalos en vez del desconocido. Los sonidos se ahogaron, los olores desaparecieron, las luces se atenuaron. Entonces empecé a percibir un aroma dulzón que se impregnó en mis papilas gustativas; mis dedos desnudos palparon el tacto delicado y rugoso de la flor seca y pude escuchar que cada pétalo crujía como si tuviera vida y se estremeciera al sentir la yema de mis dedos.

—Úsalos bien, genio.

El extraño desapareció en la oscuridad, como un fantasma que se desvanece en las sombras, camuflándose con ellas.

La lógica siempre ha podido para mí frente a cualquier explicación sensorial o emocional. Por eso, aquella noche, estaba deseando llegar a mi casa para analizar aquellos pétalos que, aún sin ser consciente de ello, me iban a cambiar la vida.

67 seguidores

> Qué fina es la línea que separa
> la razón de la fe.

Loto azul.

Así se llamaba la flor cuyos pétalos me dio aquel tipo en la noche de mi graduación. No tardé en analizar su química e investigar sobre su origen y, la verdad, me sorprendió descubrir que estaba ante una planta milenaria. Numerosos papiros y pinturas egipcias la mostraban como un ingrediente sagrado que se utilizaba en ceremonias y rituales religiosos para estrechar su vínculo espiritual con los dioses. Supuse que sería por sus efectos afrodisiacos: por lo que pude leer, su ingesta estaba ligada al alcance de la felicidad momentánea. Vamos, el efecto eufórico que te produce hoy en día cualquier droga.

Sin embargo, el microscopio me mostró algo muy extraño que se alejaba de cualquier cosa que hubiera visto antes: los pétalos, a pesar de estar completamente secos, conservaban algunas células vegetales vivas. O, mejor dicho, en un estado de hibernación. Aquellos pequeños puntos azules revivían cuando entraban en contacto con otro organismo vivo, produciéndose una simbiosis entre ambos. Un intercambio que aportaba vida a la célula vegetal de la flor y ciertas cualidades a la otra que, deduzco, provocaba el efecto desinhibidor.

Los días posteriores a la noche de graduación, me encerré en mi cuarto a trabajar en el experimento con el que pretendía potenciar mi valentía. O, mejor dicho, crearla. Me vino de maravilla centrarme en el nuevo experimento porque, aunque había hablado con Leti y Kike después de la fiesta de graduación, no podía evitar darle vueltas a todo lo que pasó y... aquello me dejó un amargor en la boca del estómago. Lo mejor era no pensar. Y la única cosa que me hacía no pensar en otras cosas era la química.

Llené mi pizarra blanca de fórmulas, ecuaciones y conjeturas sobre los efectos que tendría mezclar la flor con mis neuronas y otros compuestos que potenciaran la toma de decisiones. Varios de los estudios que leí acerca del valor como un elemento físico del cerebro estaban muy ligados a la toma de decisiones y a la adrenalina. Muchos de ellos lo ejemplificaban con los efectos de las drogas. Sin embargo, lo que estas hacen es, en cierto modo, engañar al cerebro hasta el punto de atrofiarlo o sedarlo para que tu razón quede aparcada y sean tus instintos los que te impulsen a actuar. Yo no buscaba aquello. No quería aparcar mi razón, tampoco mis emociones. Solo... transformarlas. Y aquella flor azul transformaba las cosas.

¿Qué pasaría cuando entrara en contacto con mis neuronas? ¿Qué clase de reacciones despertaría en mi cerebro?

Aquella mañana ideé un compuesto que partía de la fórmula con la que hice la «bebida sin resaca» y lo apliqué a la química de la flor. Me quedé unos segundos observando el resultado sin poder dejar de juguetear con el rotulador entre mis dedos, haciendo malabares con él. Guardé la probeta azul en la pequeña nevera que tenía debajo del escritorio y me obligué a dejar reposar tanto la mezcla como mis ideas. Como tenía que ir hasta la facultad para formalizar el papeleo de la matrícula, decidí invertir el resto de la mañana en dar un paseo hasta Ciudad Universitaria.

—¡Dichosos los ojos! —anunció mi abuela en cuanto me vio entrar por la cocina—. ¡Si es mi nieto!

—Hola, abuela —dije mientras abría la nevera para prepararme un yogur con fruta y cereales.

—¿Cómo es que madrugas? ¿No estás de vacaciones?

«¿Madrugar?», pensé confundido. Miré la hora del reloj de la cocina y vi que apenas eran las nueve de la mañana. ¡Llevaba despierto desde hacía unas horas! Definitivamente, me estaba volviendo loco con aquel maldito experimento y empezaba a perder la noción del tiempo...

—Tengo que ir a la facultad a hacer la matrícula —me excusé.

—¡Qué bien, mi vida! Mi nieto... ¡universitario!

La generación de mi abuela seguía viviendo en aquella utopía que ellos mismos crearon: sacar buenas notas en el colegio te llevaría a hacer una buena carrera universitaria que, sin duda, te proporcionaría un trabajo estable.

Por desgracia, la fórmula del *baby boom* de los años 60 dejó de funcionar en la generación *millenial*. Aun teniendo muy clara la carrera que quería estudiar, no sabía en qué clase de químico me iba a convertir. Y mucho menos podía imaginar el futuro que me deparaba.

Mientras devoraba el yogur, me puse a ojear el móvil. Mis redes sociales habían crecido en las últimas semanas porque Carly me había empezado a seguir y me había dado *like* a varias fotos que, de alguna forma que desconocía, hicieron que mi cuenta se posicionara mejor en la aplicación y aquello implicó un aumento de seguidores.

—Te veo muy pendiente de ese cacharro, últimamente... —farfulló mi abuela.

—Es que... he empezado a tener más seguidores, de repente.

—¿Cómo que seguidores? ¿Te están persiguiendo? —preguntó asustada.

—No, no. Me refiero a otras personas que deciden... —Medité un momento mis palabras antes de seguir—. Deciden suscribirse al contenido que hago. Como tú haces con la tele y el Plus.

—¿Vas a salir en la tele?

«Dios mío... Si me costó explicarle el funcionamiento del WhatsApp, ¿cómo le voy a explicar Instagram?».

—No, abuela. Pero... digamos que esto —dije mientras alzaba el móvil— es como una tele en la que hay muchos canales. Y yo tengo uno en el que enseño algunos de mis experimentos.

—¡Entonces deberías contarles cómo haces el quitagrasas este maravilloso! —propuso emocionada—. ¿Sabes la cantidad de abuelas que te lo van a agradecer?

—No sé si a la gente le interesa eso, abuela...

—¡Uy! ¿Y por qué no? Es algo doméstico que siempre utilizamos. Vamos..., ¡mejor que el Fairy! ¡Y más barato! Por cierto, tienes que preparar más.

—¡Pero si os hice el mes pasado un litro entero! ¿Qué leches habéis hecho con él?

—¡Esa boca, Avelino! Que no te hemos educado para que digas tacos.

—Abuela, con que echéis un poco es suficiente. ¡No hace falta que gastéis medio bote!

Le costó confesarme que si había desaparecido tan rápido era porque lo había compartido con sus amigas del segundo B, tercero C y un par más del edificio de enfrente. Todas ellas encantadas con el resultado. Y me enfadé. ¡Por supuesto que me enfadé! No estaba dispuesto a ser el tonto del barrio que se dedicaba a hacer quitagrasas para todas aquellas ancianas adictas a los productos de limpieza.

—Charito me ha preguntado que dónde lo vendes. ¡No te digo más! —apuntó.

Mi abuela, que me quería con locura, presumía de mí siempre que podía: su nieto, el científico; el que hacía experimentos tan eficaces como el quitagrasas milagroso. Pero yo quería que todos aquellos mejunjes que les hacía permanecieran en privado. Como si fuera el secreto de una receta que solo conocía la familia y se pasaba de generación en generación. Mi abuela era mucho de compartir, así que... lo de guardar un secreto era difícil. Supongo que aquello fue, en parte, lo que me animó a empezar a subir a mis redes las recetas químicas que tenía.

Después de terminarme el yogur, me vestí y fui directo a Ciudad Universitaria. Lo bueno de vivir en Chamberí es que puedes ir andando a un montón de sitios. A mí siempre me ha encantado pasear, así que no dudé en aprovechar el frescor de la mañana para ir hasta la Facultad de Ciencias Químicas.

La media hora de caminata me la amenizó un pódcast sobre ciencia y tecnología que escuchaba de vez en cuando. Siempre me ponía el último programa que colgaban y, en este caso, hablaban de una de las ferias de tecnología más importantes del país a la que asistían importantes empresas, nombres y, como novedad, *influencers*.

Con aquel debate amenizándome el camino, el paseo hasta la facultad se me pasó volando. Solo el aumento de la temperatura, por culpa de un sol cada vez más alto, delataba el paso del tiempo.

La Facultad de Ciencias Químicas era un edificio feo de ladrillo visto que se encontraba entre las facultades de Ciencias Físicas y Biológicas, justo detrás del parque que compartían todas ellas. Aquella visita me sirvió también para ubicar la zona y ver las conexiones de transporte público que tenía, porque, obviamente, por mucho que me gustase andar, no iba a darme el paseo todos los días hasta la universidad cuando empezara las clases.

La calle olía a verano madrileño. Ciudad Universitaria hibernaba en los calurosos meses para después despertar todo el año. Solo algunos coches rompían la tranquilidad del lugar, cuyos únicos visitantes eran estudiantes que como yo, se acercaban a las oficinas de gestión para formalizar su futuro en la universidad.

El aire acondicionado del interior del edificio me azotó como si fuera una ola de hielo que rompe contra la orilla. La estancia oscura y lúgubre parecía estar cerrada de

no ser por una persona con la que me crucé que, amablemente, me indicó dónde se encontraba la secretaría.

Me adentré por los recovecos del lugar, avanzando por sus pasillos hasta que di con mi destino. Allí tendría que gestionar todo el papeleo para formalizar la matrícula. Una señora que rondaba los cincuenta años y con el comportamiento autómata propio de los funcionarios me atendió rápidamente, selló los papeles y me despidió con un:

—Pues ya estaría.

—¿Podría dar una vuelta por el edificio? Pensaba que iba a tardar más y...

—Puedes, pero están todas las aulas cerradas. Y los laboratorios, igual. La jornada de puertas abiertas fue hace unas semanas.

«Vamos, que me vaya a mi casa y la deje tranquila», pensé.

Tenía curiosidad por conocer las instalaciones. Tampoco es que tuviera mucha fe en ellas porque... la universidad se mantenía gracias al dinero público y lo más seguro es que tuviera el mismo mobiliario y material que el día de su inauguración (¡allá por el año 1974!).

No quería deprimirme antes de lo debido, así que suspiré y me marché por donde había venido. Salí del edificio, comencé a caminar y, antes de que pudiera ponerme los cascos para seguir escuchando el pódcast, la voz de Marchetti me detuvo de golpe.

—¡Pero mira quién está por aquí! —anunció—. ¿Formalizando la matrícula?

No le contesté. Me puse los cascos lo más rápido que pude, intentando simular que no lo había escuchado, pero Marchetti volvió a agarrarme del brazo.

—Ey, Pardillo, espera. ¡Que no te voy a hacer nada! —sonó casi como una súplica—. ¿Sabes dónde hay que dejar todo esto?

Suspiré y, sin quitarme los cascos (para ver si se daba por enterado de que no quería mantener una conversación con él), le indiqué de la manera más concisa cómo llegar a secretaría. Pero, obviamente, para Marchetti aquello no fue suficiente.

—Te fuiste sin decir adiós en la fiesta de graduación —me espetó—. Aunque ya me chivaron que de quien sí te despediste fue de mi prima.

—No me encontraba bien —justifiqué.

—¡Es que menuda te agarraste, Pardillo! No estás acostumbrado a beber y claro... Pero no te preocupes —me dijo mientras me pasaba el brazo por mis hombros—, que tú y yo nos vamos a agarrar unas buenas moñas en este parque. Con ese mejunje tuyo que has preparado, además. Para que al día siguiente podamos estudiar juntitos.

—No creo que vaya a hacer más, lo siento.

—¿Y si te lo pidiera mi prima? —me dijo luciendo esa sonrisa lobuna que tanto me aterraba—. ¿Lo harías?

Callé.

—¿Te gusta mi prima, Pardillo?

—¿¡Qué!? —contesté nervioso—. ¡No! ¡Si no la conozco!

—No eres su tipo. Lo sabes, ¿verdad? —continuó, riéndose.

—Tengo prisa, Marchetti. Ya nos veremos —contesté zafándome de él y volviendo a emprender el camino.

Le faltó tiempo para quitarme los auriculares de un tirón, darme la vuelta y agarrarme de la pechera.

—¿Sabes, Pardillo? Más te vale empezar a tratarme con cierto respeto porque voy a ser tu único amigo en la universidad —me amenazó, aparcando su falso semblante simpático—. Ya me he enterado de que vas diciendo por ahí cosas un poco feas de mí y... no me hace gracia que las vayas a decir también en este lugar, ¿me entiendes?

—Marchetti, no sé de qué me estás hablando —dije con la voz nerviosa—. Yo no...

—¡Cállate! No sabes la que me lio Leticia delante de mi prima. ¡Me dejó como un puto monstruo!

—Es que lo eres.

El pensamiento se verbalizó sin que yo pudiera controlarlo. Las pupilas de Marchetti se dilataron como si el odio en su interior fuera el vapor que hace pitar una olla exprés. Sus facciones se tensaron y eso hizo que me agarrara con más fuerza.

—¿Qué has dicho?

La pregunta me la hizo entre dientes, como si estuviera conteniendo el bocado que quería darme. Yo no pude hacer otra cosa que cerrar los ojos y empezar a rezar para que lo que tuviera que venir llegara rápido.

Pero entonces se empezó a reír. Una carcajada malvada que surgía del pecho como un rugido macabro.

—Así que te parezco un monstruo, ¿eh? Pues..., te voy a decir una cosa. —Y aparcó la sonrisa a la vez que se acercaba aún más—: Todavía no has visto en lo que me puedo convertir. Te conviene más tenerme como amigo que como enemigo. Yo lo sé. Tú lo sabes. Todos lo sabemos.

Me soltó de golpe, con un empujón, haciendo que diera un traspié y me cayera de culo al suelo. Todos los papeles que me habían dado en secretaría volaron por los aires.

—Disfruta del verano, Pardillo. Nos vemos en septiembre —se despidió mientras caminaba hacia la entrada de la facultad que compartiríamos durante los siguientes cuatro años.

Regresé a casa corriendo, con las lágrimas recorriendo mis mofletes. Presa del terror, solo vislumbraba en mi mente un recoveco de mi cuarto: la nevera en la que guardaba la poción que había creado. Una poción que, en cuanto entré en mi cuarto, no dudé en ingerir de golpe.

106 seguidores

Hay experimentos que salen mal. Otros que salen bien.
Y otros que no sabes si han salido mal o bien.

Algo me perseguía. Una sombra. Una oscura figura a la que no conseguía ver el rostro porque cada vez que me giraba se escondía. Había cristales en el suelo. No, no eran cristales. Era... hielo. Los adoquines estaban cubiertos de una capa de hielo que crujía con cada pisada que daba. Las calles eran estrechas, sucias y antiguas. Las fachadas, de piedra, con barrotes de hierro en las ventanas.

Y, entonces, apareció. Seguía siendo una sombra sin rostro, pero supe que me observaba. Quieto. Sin moverse. Aquel *alguien* (o algo) me acechaba y estudiaba con curiosidad y deseo. Se encontraba a unos metros de mi posición, expectante.

Él dio un paso. Yo, instintivamente, le copié el gesto hacia atrás.

Con el segundo, yo di otro más para alejarme.

Y, de repente, susurró mi nombre.

El suelo se abrió con un crujido. La piedra de los edificios estalló en mil pedazos provocando una lluvia de polvo y rocas. Los barrotes de hierro se deformaron como si fueran trozos de mantequilla rendidos ante el calor del sol.

Él corrió hacia mí, dispuesto a darme caza. Yo intenté huir, pero apenas pude dar cuatro zancadas. Me agarró por la espalda y se introdujo en ella, como si mi cuerpo fuera un recipiente.

Desperté.

Tosía y estaba empapado en sudor y babas. Las sábanas estaban mojadas no solo por la transpiración de mi cuerpo, también había vaciado toda mi vejiga. Intenté levantarme de la cama, pero un punzante dolor me taladraba la parte posterior de la cabeza. No pude contener las náuseas que me entraron y de mi boca salió una bilis amarga y mucosa, de un color amarillento.

Me levanté como pude de la cama, retiré las empapadas sábanas y fui directo a la ducha. El silencio de la madrugada se rompió con el aullido de las tuberías y la presión del agua que me azotaba por todo el cuerpo. Comencé a palpar cada centímetro de mi piel, sintiendo la textura y el contorno de mis doloridos músculos. Cada movimiento que hacía iba acompañado de una molestia, como si tuviera unas fortísimas agujetas. El vapor que producía el agua caliente comenzó a inundar todo el baño; me concentré en relajar mi cuerpo y alejar mi mente del dolor físico que sentía.

Respiré y comencé a pensar en la clase de veneno que me había metido en el cuerpo. ¡A quién se le ocurre! ¿Aquella flor me había dado una reacción alérgica? ¿Mezclarlo con el otro compuesto habría generado alguna toxina que pasé por alto? Desde luego, por las primeras pruebas que hice, aquellos pétalos no eran sintéticos, así que...

tenía la certeza de que me había metido algo natural en el cuerpo. Sin embargo, también existían multitud de hongos con propiedades que no eran muy recomendables para el cerebro humano, ¿no? ¿Me habría pasado lo mismo?

Lo más extraño de todo era que, a pesar de las molestias y el malestar, había algo en mi interior que me resultaba completamente irónico: la sensación de tranquilidad. Físicamente, estaba destrozado, pero mentalmente sentía... ¿paz?

No sé cuánto tiempo pasé bajo el grifo de la ducha, pero cuando terminé y descorrí la cortina, me encontré con una densa niebla de vapor. Fui directo al espejo y con mi mano quité el vaho que se había formado para descubrir mi reflejo. Un reflejo que... ¿había cambiado? Era yo, sí. Pero había algo en mi mirada, algo en mis ojos, en mi expresión que...

Nino.

La misma voz de la pesadilla. El mismo tono grave, rugoso y denso. Tan denso que podía sentir su reverberación en mi pecho. Lo dijo en un susurro, pero... lo escuché como si lo tuviera en la oreja. Me giré a la izquierda, asustado. No vi nada.

Aquella fue la primera vez que lo escuché. No sería la última, por supuesto. Empezó de forma puntual, cuando me encontraba solo. Al principio susurraba mi nombre, pero con el paso de los días escuchaba más palabras:

Despierta.

Mírame.

Libérame.

La misma pesadilla volvió a visitarme en sucesivas noches. Unas veces conseguía abrir los ojos antes de que la sombra llegara a tocarme, pero en la mayoría de los casos no podía despertarme antes de que me alcanzara. Por suerte, no mojaba las sábanas, pero seguía teniendo aquella sensación de malestar.

Había algo dentro de mí. Algo que quería salir y que, con cada día que pasaba, se iba haciendo más fuerte. Descubrí que los espejos eran un estímulo para *Él*, porque, cada vez que me miraba en uno, lo escuchaba: la voz aparecía, mi mirada cambiaba y, de una manera que sigo sin poder explicar, el reflejo que veía (¡mi propio reflejo!) era el de un extraño que no conocía.

No quise tocar el compuesto. Ni siquiera me preocupé en analizar mi sangre y ver qué podía haber fallado. Quise hacer como si nada hubiese pasado; correr un tupido velo y olvidar el fracaso de aquel experimento.

Decidí mantenerme ocupado con otras cosas. Empecé a subir a mi Instagram vídeos de unos pocos segundos en los que enseñaba mis experimentos y sus efectos. Quizá por aquel sentimiento de decepción conmigo mismo, fruto del fallido experimento. Sin que fuera consciente de ello, mi ego de científico necesitaba curarse las heridas con el reconocimiento y la admiración por parte de otros. Así que empecé a compartir mis recetas: la del quitagrasas milagroso, la pasta de dientes casera, el líquido que abrillantaba cualquier metal y lo dejaba como nuevo, etc.

En cuestión de días, superé los cien seguidores porque varias personas comenzaron a compartir mi contenido en sus perfiles. Algunos me decían que era hipnótico, unos pocos aseguraban que lo probarían y, en el caso del quitagrasas, una persona comentó que lo había hecho por su cuenta y funcionaba a la perfección.

Yo sonreía cada vez que veía una reacción positiva a mis experimentos o cuando el número de corazones en cada publicación iba creciendo. Aquello me motivó para preparar más vídeos con tonterías que llevaba haciendo desde que tenía uso de razón. Comencé no solo a subir «recetas» para crear cosas útiles, también a jugar con las reacciones químicas, que provocaban una catarsis de color, magia e hipnotismo para cualquier persona ajena a la ciencia.

Entonces llegó el décimo día.

Ocurrió de la forma más tonta, pero fue lo que me hizo darme cuenta de cómo el experimento había afectado a mi carácter y, por ende, estaba funcionando.

—Cariño, necesito que bajes a por una docena de huevos para la abuela —me pidió mi madre.

Lo hizo como siempre: de forma educada, con su dulce y agradable voz, abriendo la puerta de mi cuarto con cuidado.

—Joe, mamá —contesté arisco soltando el móvil—. ¡Estaba grabando! ¿No puedes llamar antes de entrar?

Mi madre alzó la ceja. Fue solo un segundo, pero suficiente para ver en su rostro la confusión ante mi reacción malhumorada.

—Perdóname, hijo. No lo sabía —añadió—. ¿Podrías bajar en un momento, por favor? ¿O estás ocupado?

—*¿Tú qué crees?*

Cada sílaba que salió por mi boca destilaba irritabilidad. Mi madre frunció el ceño confundida.

«Tendrá un mal día», pudo pensar. Y podría haber cerrado la puerta de mi cuarto y haber dejado ahí al estúpido adolescente cabreado con el mundo. Pero había un problema: Nino nunca contestaba mal, pocas veces se enfadaba y siempre estaba dispuesto a echar un cable a su familia. Así que, mamá insistió:

—Nino, ¿estás bien?

El Nino de siempre habría sonreído forzadamente, hubiera asentido y se habría levantado a hacer los recados oportunos (aunque en mi interior estuviera refunfuñando y preguntándome por qué leches tenía que bajar a hacer los recados de la abuela). Los pensamientos egoístas y primitivos se quedaban en mi cerebro, apaciguados por las normas con las que se me había educado y mi dócil carácter.

Pero aquella mañana yo no era el de siempre.

—¿Nino? —volvió mi madre a insistir, esta vez con cara de preocupación.

Me levanté y comencé a gritar, a decirle que estaría mejor si no me molestara, que yo también tenía cosas que hacer.

—*¡Díselo a papá, que está en el maldito paro y no tiene nada que hacer!*

Mi madre esbozó una mueca que mezclaba la confusión con el horror, como si no reconociera a su propio hijo. Y fue, precisamente, aquella expresión la que calmó a la bestia que había tomado el control de mi cuerpo y me hizo ver la situación con perspectiva. ¿Qué me estaba pasando?

—Perdona, mamá —rectifiqué, más calmado pero nervioso por lo que acababa de ocurrir—. Tengo... Tengo un mal día. No me están saliendo unas cosas y... lo siento, lo he pagado contigo y...

No, no tienes un mal día. Te está cabreando, que es distinto.

—¿Qué? —pregunté en alto, al escuchar de nuevo la voz.

Mi madre continuaba mirándome, asustada.

—Cariño, ¿qué te pasa?

—¿No has...? ¿No has dicho nada de...?

—Nino, me estás asustando —dijo entrando en la habitación—. ¿Qué te pasa?

¡No dejes que entre!

—¡No! —grité alzando las manos, como si se fuera a quemar con el próximo paso que diera—. Estoy... Estoy bien, de verdad. Es solo que... Mira, no he dormido en toda la noche. Estoy trabajando en algo que no me sale y... —me desinflé—. Ahora bajo a por la docena de huevos.

—No, cariño. No te preocupes —me dijo, poco convencida por mi respuesta pero decidida a dejarme solo—. Se lo voy a pedir a tu padre, pero... hazme el favor de dejar eso y echarte un rato, ¿vale? Necesitas dormir.

—Sí, sí... —contesté aturdido—. Te lo agradezco. Cierra la puerta, por favor.

El silencio volvió a reinar en mi cuarto. Me dejé caer en la silla sobre la que había pasado horas estudiando y trabajando en mis experimentos. Me masajeé las sienes mientras respiraba de forma profunda, intentando relajarme. ¿Qué me estaba pasando?

Mi móvil vibró. Varias notificaciones aparecieron en la pantalla. Tenía un par de mensajes en el grupo de Leti y Kike; proponían vernos aquella tarde. Los dejé sin leer para ver la otra notificación de Instagram: nuevos seguidores, *likes* y un mensaje privado de @Carly_Amaretto.

¿Tú eres químico o mago?

Tampoco contesté. Solté con desgana el móvil en la mesa y volví a centrarme en lo que me acababa de ocurrir con mi madre.

Aquel décimo día fue el extraño que había en mí quien tomó las riendas de mi cuerpo y se dejó llevar por sus impulsos más sensoriales y primitivos. Como el perro que gruñe cuando le quitan el hueso, sin tener la habilidad del raciocinio.

Me levanté de la silla, me crují el cuello y fui con paso calmado al pequeño espejo que colgaba de una de las paredes de mi cuarto. Servía más como adorno que para emperifollarme. Sin embargo, me podía ver el rostro perfectamente.

Di un paso. Dos. Y mis ojos se encontraron con mi propio reflejo.

¿Ves cómo podía ir papá a por los malditos huevos?, me dijo.

150 seguidores

¡@NinoPardino llega a TikTok!

—Tenemos que hacerte de TikTok.

Lo dijo con aquella sonrisa y una cara que mezclaba el asombro con la emoción, sin dejar de ver las publicaciones de mi perfil. Leti fue la primera en compartir mis experimentos, comentarlos, dar *like* y escribirme emocionada.

Que su más sincera y efusiva enhorabuena. Que hiciera más porque tenía ojo para crear contenido, me decía.

Y yo: que muchas gracias, que si venía de ella era todo un cumplido.

¿Dije algo de nuestro último encuentro? Por supuesto que no. Aquella tarde era la primera vez que nos veíamos desde la fiesta de graduación y, como quien esconde el polvo debajo de la alfombra, hicimos como si la discusión de aquella noche no hubiera existido. Nos sentamos junto a Kike en nuestro habitual banco del parque del barrio, al amparo de la sombra de un árbol, con un paquete de pipas como invitado.

—¿Tenemos? —pregunté—. ¿Vas a ser mi *community manager* ahora o qué?

—Asesora, querido. Asesora. —Lo dijo divertida, mirándome de soslayo con burla—. ¡Esto es perfecto para TikTok! Díselo, Kike.

—Yo no tengo de eso —contestó mi amigo, indiferente, mientras partía con los dientes otra pipa.

—Pues es el momento perfecto para que os hagáis los dos una cuenta. A ver si está libre tu nombre de usuario... —dijo sin despegar la mirada del móvil—. Además, Carly tiene un montón de presencia en TikTok. Seguro que te puede echar un cable y ayudarte a crecer.

—¿Por qué iba a hacer eso? —preguntó Kike.

—¡Pues porque son amigos!

—¿Desde cuándo? —me preguntó confundido.

—¡No somos amigos! —contesté con las mejillas sonrojadas—. Simplemente, nos seguimos por Instagram y ya.

—Y también os escribís... —añadió Leti sin apenas mover la boca.

—Espera, espera... ¿Qué me estoy perdiendo? ¿Por qué me entero el último de estas cosas?

Eso mismo debería preguntarte, Kike. ¿Por qué Nino es el último en enterarse de que has solicitado una maldita beca para irte al culo del mundo?

Me levanté de un respingo al escucharle de nuevo. Me llevé la mano al pecho, como si el eco de sus palabras aún rebotara por mi interior. Mis pulsaciones se empezaron a acelerar, el sudor frío comenzó a recorrerme la nuca.

—No, no... —susurré agobiado—. Otra vez no.

—¿Qué te pasa?

La mano de Leti sobre mi hombro me hizo dar un respingo.

—Nada, es que…

Al girarme, mis ojos se encontraron con los suyos. La alegría de su rostro se había tornado en preocupación, y Kike, que permanecía de pie unos pasos por detrás, compartía la misma expresión. Eran mis mejores amigos. De los de verdad. De esos que saben que algo no va bien con tan solo mirarte. Los amigos de verdad tienen el poder de conocerte mejor que tú mismo y con aquel mísero gesto, con aquella escueta reacción que tuve al *escucharle*, intuyeron que estaba pasando algo raro. Quizá fuera este el motivo por el que *Él* me alejó de ellos.

¿Y cómo empiezan las distancias? Con las pequeñas mentiras que, en un principio, carecen de importancia.

—Me agobia que podáis pensar que yo piense que puedo sentir algo por Carly.

Silencio.

Y caras de póquer. De esas que pones cuando tu boca está demasiado paralizada para verbalizar algo.

—No he entendido una palabra de lo que acabas de decir —confesó Leti—. ¿Te mola Carly?

—¡No! —contesté dando otro respingo—. ¡Por Dios! Si es… ¡Es la prima de Marchetti!

—Pero… a ver —intervino Kike—. ¿Has quedado con ella?

—¿¡Quedar!? ¿Yo? ¡Si casi no hemos hablado! ¡Ni siquiera tengo su móvil!

¡En menudo cenagal me metí con aquella tontería! Podría haberles dicho la verdad: que había creado y bebido una poción para ser más valiente, cuyo ingrediente principal era una flor azul que me regaló un extraño tipo la noche de la graduación. Podría haberles contado que desde entonces sentía cosas raras y oía una voz que solo yo podía escuchar. Quizá me hubieran tomado por loco. Quizá me hubieran tomado en serio. Jamás lo sabré. Lo que sí sé es que a día de hoy me encantaría retroceder en el tiempo y contarles en aquel momento lo que me estaba pasando.

Respiré. Intenté hacerme cargo de la situación. ¡A ver qué me inventaba!

—Por cómo Leti está contando las cosas, parece que esté dando a entender que hablo mucho con ella y no es verdad. No soy amigo de Carly. No hablo con ella. Me ha escrito un mensaje y dado un par de *likes*. ¡Y punto! Me pone muy nervioso que penséis cosas de mí que no son. Y sobre todo que penséis que no os contaría algo así.

No como tú, Kike, que te callas las cosas.

Me llevé la mano a la cabeza por culpa de un punzante dolor que me sacudió en el lado izquierdo de la nuca. Me sentí atacado y juzgado por mis amigos. En la mirada de Kike podía ver cierta decepción por no haberle contado la breve historia con Carly la noche de la graduación. ¿Tenía las santas narices de indignarse cuando él se había callado la noticia de la beca que (¡además!) decidió soltarme delante de todo el mundo? Intenté no pensar en ello.

—Me estáis dando dolor de cabeza —sentencié con un tono irritante.

—A ver, tranquilo. No hace falta que te pongas así —Leti se acercó a mí con un tono calmado y conciliador; me tendió el móvil, cambiando completamente de tema—. @NinoPardino está disponible. Así que ya te estás bajando la aplicación y registrándote como nuevo *tiktoker*.

Lo hice con un resoplido. No sé si por la poca paciencia o el alivio de haber conseguido salir airoso de la situación. Dejé que Leti me hiciera un tutorial de la nueva red social y, después de quedarme con las cuatro cosas básicas, me animó a subir a mi perfil algunos vídeos que ya tenía grabados, dejando en la recámara el resto para colgarlos a lo largo de los días siguientes. Kike, quien tampoco tenía TikTok, no se libró de la insistencia de Leti y acabó abriéndose un perfil. En privado, por supuesto.

—Y lo más importante de todo... —añadió mientras me volvía a quitar el móvil de las manos—. Seguir a @Letiembre, @KikeOlympus y... @Carly_Amaretto.

—¿Pero qué le pasa a toda esta gente? —preguntó mi amigo sin poder despegar la vista de su pantalla táctil—. ¿Por qué bailan así?

—No todo son bailes. Empieza a seguir cuentas que te gusten y el algoritmo hará su magia —apuntó Leti.

—¿Para que me inciten a comprar cosas? No, gracias.

—Mira, estos de comida están graciosos —añadí mientras le enseñaba una receta exprés de un sándwich que se envolvía en una tortilla con queso y un montón de ingredientes más.

—Eso es una marranada.

—¡Por Dios, Kike! —protestó Leti exasperada—. Mira, no hace falta que hagas esfuerzos por encajar en TikTok. Limítate a dar *like* a lo que suba Nino y punto. Y tú —añadió girándose hacia mí— tienes que subir un *story* anunciando a tus 150 seguidores de Instagram que ya estás en TikTok.

A día de hoy sigo sin saber muy bien cómo llegué a conseguir tantos miles de seguidores porque (y a los hechos me remito) mi habilidad con las redes sociales era nula. Pero una cosa era ser ingenuo, y otra, un tonto. Y yo, de lo segundo, tenía poco.

Me tomé aquello de las redes como un aprendizaje de cara a generar más contenido porque, en el fondo, me lo pasaba bien grabando mis experimentos. Por primera vez, mis pruebas de laboratorio salían más allá de mi cuarto y empezaban a ser admiradas por personas que no conocía. Aquello, sin duda, me motivaba a pensar en nuevos experimentos que sorprendieran a mi audiencia, retándome a mí mismo para superarme con cada uno de ellos.

Sin embargo, no era consciente de que en mi interior se había despertado una sed de triunfo consecuencia de la ambición que, discreta e inofensiva por aquel entonces, acabaría convirtiéndose en algo muy distinto...

628 seguidores

¿Cuál de las dos caras miras
en una misma moneda?

Un par de días después de que Leti me creara la cuenta de TikTok, conseguí que mis seguidores se multiplicaran. El motivo tenía nombre y apellidos. Carla Marchetti, embobada por mis experimentos, compartió en sus redes uno que, a mi parecer, era el más ridículo de todos, pero el que más gustó a la gente.

En el vídeo, mezclaba en un poco de agua la tinta fosforito de un par de rotuladores. Después, con un pincel me untaba la mezcla transparente por la mano, siguiendo el recorrido de mis dedos. Acto seguido apagaba la luz para que, con una linterna negra, se viera el dibujo fluorescente que me había hecho. Terminé el vídeo con un plano a oscuras en el que solo se intuía mi rostro, pintado como si fuera un *stickman*, mientras sonaba una canción que era tendencia en aquel momento.

Aquel fue mi primer viral. La primera vez que brillé en redes (nunca mejor dicho) vi cómo, en cuestión de horas, la publicación alcanzaba números que jamás pensé que fuera a ver. La gente empezó no solo a compartir y comentar la publicación, también a etiquetarme en los vídeos que hacían imitando el experimento con otros dibujos y formas. Carly fue, por supuesto, una de ellas. O, mejor dicho, la primera en copiarme la idea y compartirla con sus miles de seguidores y la mención pertinente. Su vídeo era mucho más sensual y profesional que el mío. No sé dónde grabó la escena, pero ni siquiera mostró la mezcla del experimento. Solo un par de rotuladores con los que simulaba pintarse para después apagar la luz y... ¡magia!

Si queréis conocer el secreto, lo tenéis en la cuenta de @NinoPardino.

Y así empezaron los seguidores.
Y los comentarios.
Y los *likes*.
Y los mensajes de gente que no conocía...

Me encanta lo que haces. ¡Sigue así!
¿Dónde compraste la linterna?
Perdona la intromisión, pero... ¿cómo haces para que brille?
Bebé. Tan lindo. Me gusta tu magia. ¿Cómo lo haces?

Me resultó muy impactante lo aleatorio que era cada mensaje. ¡Y lo tontos que eran algunos de ellos! ¿Por qué me preguntaban cómo lo hacía cuando era un vídeo en el que explicaba los pasos que había que seguir para llegar a conseguir aquel efecto? No tardé en escribir a Carly por privado.

¡En menuda me has metido!

Me está escribiendo gente muy peculiar…

Jajaja

¡Bienvenido a internet

¿Sabes que va a hacerlo hasta el tonto de mi primo?

Aquello me dejó de piedra. ¿En serio? El idiota de Marchetti iba a copiarme un experimento porque… ¿se había hecho tendencia? Pues sí, así fue. Obviamente, no me mencionó, pero sí a su prima. El resultado era tan patético… ¡El muy tonto se había pasado con el agua y apenas se le notaba la pintura fluorescente bajo la luz negra!

El tipo que había convertido mi bachillerato en un infierno. El chaval que se había reído de mí y mi afición por la química. El mismo hipócrita que iba a estudiar lo mismo que yo en la universidad y que, en aquel momento, estaba haciendo el ridículo con mi experimento y un estúpido baile que solo Dios sabe a qué otra persona se lo había copiado.

«Si hubieras puesto menos agua, las líneas brillarían más», escribí.

Se lo puse tal cual. Sin pensarlo. El comentario se envió en un suspiro y desapareció en otro. No porque Marchetti me lo quitara; yo lo borré.

Sentí entonces aquella mucosidad en el pecho y su vibración antes de volver a escucharle.

Así no vamos a ninguna parte.

Me puse en pie de golpe. No estaba asustado. Estaba… cabreado.

Le había quitado importancia al hecho de que una voz interior tomara, de repente, el control de mi cuerpo y me hiciera comportarme de una determinada manera. ¡Tenía que hacer algo! Hablar directamente con *Él* me pareció una buena opción.

Decidido, me acerqué al espejo de la pared y me miré a los ojos.

—Para ya —ordené.

Entonces ocurrió algo que me puso los pelos de punta. Comencé a reír o, más bien, mi reflejo fue el que estalló en carcajadas. Una risa malvada y profunda que, al igual que ocurría cada vez que escuchaba su voz, me hacía estremecerme por dentro.

Ahora que me has despertado, ¿quieres que me vaya a dormir?

—Quiero que dejes de hacer las cosas sin pedir permiso.

¿Tu vejiga te pide permiso para mear? ¿Tu estómago lo hace para comer?

—¡No es lo mismo!

Oh..., sí que lo es. No puedes evitar cabrearte, no puedes evitar emocionarte. No puedes evitar disfrutar del placer del triunfo.

—¿A qué te refieres? —pregunté confundido.

Él volvió a reír.

A ti. A mí. Tú y yo somos uno. Somos lo mismo. Las dos caras de una misma moneda que solo gira cuando la una está en contacto con la otra. Tú eres el miedo. Yo, el valor. Tú, la razón. Yo, la emoción. ¿Te crees que hubieras hecho todos estos estúpidos vídeos sin mi ayuda? Mira lo que hemos conseguido dejando entrar un poco de ambición a nuestra vida.

Aparté la mirada de mi rostro. ¿A qué se refería? ¿Mi constancia con las redes era consecuencia de haberme tomado la maldita poción azul? ¿Qué clase de efecto había despertado en mí? ¿Qué era lo que tenía en mi cuerpo?

¡Mírame!, me ordenó.

Volví a fijar la mirada en mi reflejo.

¿No te gusta? El sabor del triunfo. La sensación de ser admirado. De ser visto. De dejar de ser invisible. ¿No te gusta que el estúpido de Marchetti nos haya copiado?

—¡NO! —grité.

¡Mientes! ¡Claro que te gusta! A ellos puedes engañarlos, pero a mí no. Odias que haya hecho el experimento mal y que lo haya mancillado de esa manera, pero... reconócelo: hay cierto placer en ver que nos ha copiado. Es lo más parecido a un triunfo.

Volví a mirarle. A mirarme. A ver aquel rostro sonriente, victorioso y con aires de grandeza. Estudié a aquel extraño que lucía mi mismo aspecto, pero con una expresión más dura, convincente y atractiva. Me aterraba verme tan diferente, pero a la vez sentía la inmensa curiosidad de saber hasta qué otros lugares era capaz de llevarme aquel extraño que había en mí.

Imagina hasta dónde podemos llegar. ¡Mira a todos esos pardillos que hay en las redes! Todos hacen lo mismo: copian, copian y copian. Son borregos que se limitan a pensar de forma colectiva. Ovejas que quieren ser las protagonistas en un inmenso rebaño. Si uno dice verde, el resto dirá que todo es verde. Pero nosotros... Nosotros creamos. Nosotros podemos darles eso que quieren copiar. Nos copiarán en las redes y en la universidad. Todo el mundo sabrá nuestro nombre. ¡Nino Pardino, el mejor científico que este país haya conocido!

Mis pulsaciones empezaron a acelerarse. Los sudores fríos volvieron a recorrer mi nuca. La vista comenzó a nublarse.

¡No! ¡No me reprimas! Reprimirme solo empeorará esto. No puedes ocultar quién eres. No puedes esconderte de lo que quieres. ¡Si lo haces serás el pardillo de siempre!

—No... me llames... así —jadeé.

¿Pardillo? ¡Demuéstramelo! ¡Demuéstrate a ti mismo que no lo eres! Es hora de que dejes de creer en las mentiras de gente como Marchetti. ¡Él es el veneno! No yo.

—Cállate.

Tienes miedo... Lo huelo. Lo siento. Tienes miedo de nosotros, de esta ambición. Pero... ¿por qué? ¿Tienes miedo al fracaso? ¿Eres un fracasado, Pardillo?

—¡Cállate!

Aquel grito fue acompañado de un puñetazo que hizo añicos el espejo. El dolor de cabeza me impidió sentir los cristales que tenía clavados en el nudillo. No fui consciente de ello hasta que papá entró preocupado al cuarto al oír el fuerte golpe y vi la sangre gotear por mi mano.

—¿Qué ha pasado?

Me giré hacia él, aún alterado y rabioso. Mi pecho se movía al compás de mi corazón, bombeando sangre en un movimiento rápido y continuo. La misma sangre que empezaba a caer del puño que aún mantenía cerrado con firmeza.

—¡Nino! —Se acercó al ver la sangre.

—*¡NO!* —le grité alzando la mano.

Papá me hizo caso y se quedó en el sitio. Helado, sorprendido. En su cara pude ver la confusión y preocupación. Pero mi mente... Mi mente todavía estaba pendiente de los trozos de cristal que estaban tirados por el suelo.

—¿Qué te ha pasado? —volvió a preguntarme, esta vez de forma lenta, pausada. Como si fuera una bestia a la que intentaba domar.

—Me he... Me he tropezado y... —señalé el espejo—. He ido a apoyarme y...

Estaba en *shock*. No solo por lo que me había dicho mi reflejo, sino por el mero hecho de haber hablado con él. ¿Me estaba volviendo loco?

Conseguí calmarme y dejé que mi padre me llevara a urgencias. Por suerte, no me tuvieron que dar puntos y solo me quitaron los pequeños cristales que se me habían quedado clavados en los nudillos. Sin embargo, tuve que llevar vendada la mano varios días hasta que las heridas se cerraron.

¿Cómo vamos a grabar los vídeos con esta cosa puesta?

Apreté la mandíbula al sentirle de nuevo. La enfermera que me estaba curando interpretó mi gesto como una respuesta al dolor.

—Puedes decirles a tus amigos que te peleaste con alguien —me dijo cómplice mientras terminaba el vendaje.

Sonreí de forma amarga porque, en el fondo, así había sido: me había dado un puñetazo a mí mismo.

Aquello me hizo recapacitar y pensar en que, si éramos dos caras de una misma moneda, no me iba a quedar más remedio que entenderme con *Él* para poder seguir girando.

780 seguidores

Tinto de verano con limón.
Siempre en mi equipo.

Al principio fueron impulsos instintivos, casi animales.
Cuando quise comprender lo que me estaba ocurriendo para poder controlarlo, lo primero a lo que me enfrenté fue a la sensación de satisfacer necesidades tan primitivas como un antojo de comida, echarme una siesta o... masturbarme. Si estaba trabajando en mis experimentos o grabando un vídeo y me apetecía un helado, no me reprimía: bajaba al supermercado y me compraba el que más me apeteciera.

Su presencia disminuyó. No sabía si era por mi receptiva actitud o porque, después de quince días, los efectos del compuesto perdían fuerza. El caso era que, en cierta manera, me sentía mejor conmigo mismo, más relajado. Así que decidí tomar otro poco. No la cantidad que ingerí la primera vez, sino tres gotas para ver cómo respondía mi cuerpo. Si bien estaba preparado para enfrentarme a una noche de pesadillas, sudores y micciones nocturnas, la realidad fue muy distinta: dormí a pierna suelta y me desperté con tanta energía que, después de desayunar, decidí escaparme a la piscina del barrio para retomar la natación (algo que hacía tiempo que no practicaba).

—Este se nos ha enamorado... —oí cuchichear a mi abuela con mi padre una tarde de siesta en la que se creían que estaba fuera.

Así, poco a poco, la sosa rutina diaria que llevaba se fue transmutando en una vida más activa en la que predominaban la actividad física, mis experimentos y la creación de contenido para mis redes sociales. Se multiplicaron las ganas de salir de mi laboratorio para ver a Leti y Kike, por ejemplo. O las interacciones con mis seguidores. Incluso los mensajes que me mandaba con Carly fueron adquiriendo una constancia, prácticamente, diaria.

Sí. Era innegable que aquella poción me hacía ser más social y activo, y, en cierta manera, aquello me otorgaba más felicidad, lo que notaban tanto mis amigos como mi familia.

Otra cosa que averigüé fue que *aceptarlo* implicaba no oír su voz. Dejé de escucharle. Únicamente, me hablaba cuando me miraba al espejo, pero se trataba de una comunicación permitida por ambas partes. Bidireccional, consentida. Cuando *Él* quería hablar conmigo, yo quería hablar con *Él*. Y eso solo significaba una cosa: que había conseguido llegar a la supuesta simbiosis; a hacer girar la moneda sin que esta se tambalease.

A finales de julio, Carly me escribió un mensaje privado por Instagram para invitarme a una barbacoa en su piso: un ático por Mirasierra dentro de una urbanización privada con piscina, pistas de pádel y no sé cuántas cosas más.

Seremos unos pocos. La comida y bebida corren de mi cuenta.

Díselo también a Leti y Kike. ¡Estáis los tres invitados!

—¿A mí? —preguntó Kike cuando le propuse el plan por teléfono—. ¿Qué pinto en esa barbacoa?

—Pues..., lo mismo que yo. Leti está muy emocionada, la verdad.

—Qué pereza... —resopló—. No me lo pasé mal la noche de graduación con ellos, pero... es una gente con la que no encajo.

—Bueno, es un plan distinto. Vamos, vemos el percal, nos tomamos algo y..., si nos aburrimos, nos marchamos.

—¿Desde cuándo eres tú tan sociable?

—Si te soy sincero, desde que he visto que me voy a quedar solo —confesé—. Tú te vas a Islandia en septiembre, Leti empezará la uni y conocerá a nueva gente, y yo... supongo que tendré que hacer lo mismo. Además, me niego a juntarme con Marchetti en clase. Su prima es un encanto, pero a él..., ¡con un palo! Así que, esto es una forma de poner en práctica mi lado más sociable y hacer esfuerzos por conocer a perfectos desconocidos de cara al inicio de las clases.

No sé si fue por mi teoría, el cargo de conciencia que le produjeron mis palabras (buscado deliberadamente por mi parte, claro) o por la insistencia que Leti pudo tener con Kike en una conversación paralela, pero, aún reticente a ir a la barbacoa, acabó acompañándonos. Así que..., ¡allí fuimos! Los tres mosqueteros en bermudas y chanclas al piso de una famosa *influencer* que, te vuelvo a recordar, resultaba ser la prima de mi malvado enemigo.

Podría decirte que lo que más me impactó del piso de Carly fueron los muebles de diseño, la espectacular terraza con su *chill out* y jardín vertical o la televisión OLED de 88 pulgadas (lo que se traduce en dos metros de pantalla); sin embargo, la extraña aura que tenían sus amigos *influencers* fue lo que más nos eclipsó a los tres.

Habría... ¿cuántas?, ¿diez?, ¿doce personas? Todas ellas parecían sacadas del mismo cuadro, pero, a la vez, completamente dispares y diferentes. Mal comparado, era ver algo parecido a *La última cena* de Da Vinci: todos son del mismo club, pero cada uno tiene su personalidad. El móvil (de última generación, por supuesto) en la mano como si fuera una extremidad más. La mitad lucían gafas de sol con las que intentaban disimular hacia dónde miraban. Los tatuajes estridentes parecían ser obligatorios en aquella reunión y, por supuesto, los *looks,* cuanto más bizarros y caros fueran, mejor.

Sus nombres no eran normales, claro. Y, si lo eran, se hacían llamar por el mote que tenían. Porque, como ya sabes, para ser famoso en internet tienes que tener un nombre que llame la atención. A las pruebas me remito: los de nombre más común tenían menos seguidores. Todas estas características se podían apreciar en las propias redes de cada uno de ellos. Era lo más parecido a ver personajes de ficción en el mundo real, porque cada cual era una caricatura reciclada del que tenía a su lado.

Hasta que te acercas a ellos.

Cuando entramos los tres con nuestras pintas de barrio (chamberiano, ojo, pero de barrio), se generó una comunicación no verbal entre ellos que los puso en alerta. Si Carly hubiera tenido un cartel de «Atención: extraños», este se habría iluminado con neones en aquel momento. Ellos hicieron como si nada; como si no existiéramos. Pero percibí una telepatía grupal en la que no se nos estaba juzgando por el aspecto, sino por la influencia.

¿Quién es esta gente?

¿Son conocidos?

Ay, me suena la cara del delgadito.

Me sentí como si fuera mi primer día en un instituto que jamás había pisado. Las disimuladas miradas confirmaban que habíamos alterado la paz del grupo y que la incertidumbre comenzaba a reinar en la habitación por culpa de nuestra presencia. Pero ellos intentaban seguir como si nada. Forzando aún más las risas, elevando el tono de voz para dar más el espectáculo. De repente, aquello se convirtió en una competición por ver quién acaparaba más nuestra atención. Muchos tacos. Muchos «tía». Muchas risas y gritos exagerados. Todo ello con un explícito subtexto que gritaba: «¡Mírame!».

—¡Chicos! —gritó Carly hacia la fauna de amigos que tenía—. Algunos ya conocéis a Kike y Leti, de la fiesta del otro día. —Manos saludando, sonrisas que significaban un «¡oh!, vale, ya me acuerdo» o un «¿qué fiesta del otro día?, ¿por qué no estaba yo en ella?»—. Y este es Nino. El culpable de que todos hayáis hecho el *challenge* de la pintura invisible.

«¿*Challenge* de la pintura invisible?», pensé. «¿Acaban de bautizar el experimento con ese nombre tan horroroso?».

—¡Qué nombre más creativo! —respondí con una sonrisa más forzada que la cerradura de una caja fuerte robada.

Y entonces oí el clic en el cerebro de aquella gente. Los engranajes volvieron a arrancar y la tensión invisible se empezó a reducir. No éramos nadie. No suponíamos una amenaza. Si aquello era un concurso para aspirar a ser el mejor amigo de @Carly_Amaretto, instantáneamente, nos descalificaron. Con el tiempo me enteré de que varios me etiquetaron como un *wannabe*. Algo así como una persona que quería ser famosa pero que no llegaba a conseguirlo; y que mi único objetivo era acercarme a Carly para aumentar mis números en redes. No te negaré que, con el paso del tiempo, fui apareciendo con más frecuencia en aquellos jolgorios solo por ganar presencia en las redes, pero mis intenciones en aquella primera fiesta eran, simplemente, conocer gente y pasarlo bien.

Carly nos sirvió unos tintos de verano y nos animó a acomodarnos entre el resto de la gente. Kike y Leti saludaron a las personas que reconocieron de la noche de la graduación mientras yo me presentaba a todo aquel que se me acercaba. Fue curioso ver cómo en el momento en el que Carly dijo lo que había hecho en redes, automáticamente, casi todos ellos me conocían y soltaban algún comentario sobre mis vídeos. No sé si lo hacían con vistas a recibir una réplica por mi parte a su contenido, pero, al no saber quiénes eran, me limitaba a agradecer sus buenas palabras.

Todos ellos daban por hecho que tenías sus mismos conocimientos del mundo de las redes.

Pues fíjate que Fulano hace no sé qué. Y Mengano el otro día me comentó que no sé cuántos. ¿Quiénes son Fulano y Mengano? ¿Y por qué tenía que saberlo?

Hablar con aquella gente era lo más parecido a empezar un videojuego en el nivel avanzado. Debía tener una serie de conocimientos «básicos» si quería mantener una conversación con ellos y enterarme de qué iba cada asunto. Leti, por el contrario, estaba en su salsa. Kike y yo nos mirábamos de reojo, como una pareja de mus que no tiene juego alguno.

—Vengo a rescataros porque os veo más perdidos que un sordo en un dictado —nos dijo Carly mientras me agarraba del brazo.

Y entonces, como si aquello fuera la fiesta de alguna casa real en la que los invitados son distintos monarcas, nos acompañó en un paseo por su terraza contándonos quién era aquella gente y lo que necesitábamos saber.

Comenzó con una pareja que, a pesar de ser jóvenes, eran los más mayores del grupo. Linda y Pepu eran los responsables de @Trufitos: una cuenta de Instagram en la que, básicamente, documentan su vida diaria como pareja de treintañeros. Quien empezó siendo *influencer* fue Linda con sus consejos de moda y cosmética, pero cuando Pepu se animó a aparecer de vez en cuando en su Instagram recomendando libros por su faceta de profesor, acabaron transformando su cuenta en un proyecto conjunto en el que mostraban su día a día, daban consejos sobre la vida en pareja y compartían sus sueños hechos realidad con el resto del mundo.

—¡Hola, *trufis*! —saludaba Linda a la cámara de su móvil con su chico detrás—. ¡A ver si adivináis dónde estamos!

—¿*Trufis*? —preguntó Kike, igual de confundido que yo.

—Sí, así llaman a sus *followers* —nos explicó Carly—. Son majos. A veces un poco azucarados. Lo que no veréis en sus redes son los gritos que se pegan de vez en cuando. Aquí, sí —nos susurró con una sonrisa pícara.

El *tour* continuó con otra pareja que, si bien no mantenía una relación amorosa (que supiéramos), era inseparable. Aposté mi brazo a que @QueenCuore y @SirMacbeth fueron en otra vida un par de galgos ricos de la monarquía británica. No tengo ni idea de la marca con la que se vestían, pero seguro que valía más que un sueldo de mi madre. Sin embargo, a pesar de aparentar ser los más glamurosos, eran también los más estrafalarios. Ni su ropa ni el maquillaje ni cualquier cosa con la que pudieran adornar su cuerpo tenía género. @QueenCuore lucía una cabeza rapada con apenas unos milímetros de pelo que había teñido de oro (literalmente, el tinte se había hecho con pequeñas virutas de oro). Por el contrario, @SirMacbeth solo tenía un fino bigote que me recordó al mismísimo Dalí; sus transparentes ropas dejaban a la vista un discreto *slip* blanco y un apurado afeitado por todo su cuerpo (¡ni cejas tenía!).

—Vaya, mis amigas de la realeza —murmuró Kike.

—Oh, Kike —le contestó Carly haciendo pucheros—. En el fondo, les caíste bien.

—¿Qué me he perdido? —pregunté confuso.

—Es... una larga historia —dijo mi amigo entre dientes.

Carly soltó una carcajada acompañada de una coqueta caricia a la barba de mi amigo. ¿Qué estaba pasando?

—De larga nada, guapetón —dijo, para después girarse hacia mí—. Queen se empecinó en tener rollo con tu amigo, pero...

—Pero yo le hice la cobra —interrumpió—. Fin de la historia. ¿Podemos seguir?

Carly alzó una ceja y me quedó claro que aquella historia tenía más jugo del que Kike quería contar. Pero yo tampoco quise insistir porque no me apetecía estar recordando la maldita noche de la graduación. Así que el *tour* continuó y llegamos ante a los que habíamos quitado el puesto de benjamines. @BettyMoore cantaba una canción al compás de su guitarra. Con la voz que exhibía, no hace falta que te diga la clase de contenido que pude encontrar en sus redes: *covers* de otros artistas con un punto musical que mezclaba el folk con la electrónica. Su cara me sonaba porque había visto algún vídeo de ella por Instagram. A su lado, se encontraban @SoyRaiman y @Mannyatico: dos chavales que hacían *sketches* de comedia. Sin embargo, me pareció mentira que pudiera haber atisbo alguno de sentido del humor en aquellos dos chicos tan tranquilos y callados que lo único que hacían era fumarse un cigarro sin despegar su vista del teléfono móvil. Siempre había creído que los cómicos eran extrovertidos, nerviosos y dicharacheros.

—Y por último, pero no por ello menos importante... —anunció Carly.

El paseo terminó con la otra joya de la corona: John, más conocido como @DohnCabreo. El segundo con más números de aquella fiesta era un chaval peruano de veinticuatro años que comenzó en YouTube jugando partidas del Fornite y acabó haciéndose un canal de Twitch en el que congregaba a miles de usuarios en sus debates incendiarios sobre cualquier cosa que le suscitara un mínimo cabreo. A su lado, había una mujer que rondaría la treintena, con una presencia deslumbrante y un aspecto que, sin duda, distaba mucho del resto de los invitados: su pelo de un color castaño claro parecía de seda; el estilo que lucía, así como su actitud, tenían ese equilibrio perfecto entre lo formal y lo informal. Nos miró con una sonrisa cómplice.

—Y ella es Raquel, nuestra representante. Hace años fue una auténtica reina de YouTube. ¡Yo misma estaba enganchada a sus vídeos cuando era pequeña! —nos confesó con cierta vergüenza—. Ahora... Bueno, digamos que su audiencia también se ha hecho mayor. Supo jugar muy bien sus cartas, convirtiéndose en representante de las nuevas generaciones de *influencers*.

—¿Representante? —pregunté.

—Sí. Este mundo es mucho más amplio y complejo de lo que parece. Ya te lo iré enseñando —me contestó con un guiño.

Kike y yo nos miramos. ¿Estaba tonteando conmigo? Por la cara de mi amigo, advertí sus intenciones de aprovechar la situación para escaparse a donde estuviera Leti, pero le agarré del brazo antes de que se marchara. Se rascó el mentón y, por seguir con la conversación, no dudó en hacer la pregunta del millón:

—Y esto... ¿os da de comer? Quiero decir: ¿os dedicáis solo a esto?, ¿o tenéis otros curros?

Carly se colocó uno de sus mechones violeta detrás de la oreja y se agarró a nuestros brazos, como si fuéramos unos guardaespaldas. En el fondo, creo que lo hizo por sobarle un rato el brazo a Kike y comprobar que aquellos músculos eran de verdad.

Muy sonriente nos contestó que ella, John y los @Trufitos sí que se habían profesionalizado como creadores de contenido. El resto seguían estudiando o estaban de becarios en alguna agencia de publicidad y lo compaginaban como podían con la vida de creador.

No quise preguntar por el sueldo, pero, teniendo en cuenta los objetos que adornaban la casa, una de dos: o Carly era hija de un mafioso italiano que le compraba todo lo que quisiera o sus tarifas como *influencer* le permitían vivir con aquel lujo.

Aquello desembocó en conversaciones más mundanas.

«Qué bonita casa tienes. Menudas barbacoas puedes hacer aquí. ¡Oh! No sabía que eras vegana». ¡Por supuesto que tenía que ser vegana!

Y Kike: con lo rica que está la carne.

Y ella: ya, pero hay que tener conciencia medioambiental.

Y, de repente, @SirMacbeth se metió en la conversación y le animó a probar la hamburguesa de lentejas. Y yo me imaginé a mi abuela diciéndome que qué tontería era aquella.

—No, gracias —contestó Kike forzando una sonrisa.

—Nunca vas a saber si te gusta hasta que no lo pruebes, Enrique —le contestó el otro mientras le apretaba bien fuerte el bíceps.

Carly aprovechó aquel momento para dejar a mi amigo con sus ya conocidos tertulianos y me alejó un poco del resto, sin soltarme el brazo.

—Estarás un poco sorprendido por la fauna de amigos que tengo, ¿no?

—Son... particulares —le contesté con una sonrisa—. Pero como todos, la verdad. ¿Tú nos has visto a nosotros?

—Sí —me dijo, para después susurrarme al oído—. Sois muy auténticos.

Y, como si saltaran las alarmas de la amistad, @BettyMoore, que ya había terminado de cantar, se acercó para meterse en la conversación y decirme, por segunda vez, lo mucho que le gustaba mi contenido.

—Es superguay como... No sé... Como que haces la ciencia divertida, ¿sabes? En plan... Que no me aburre —me dijo con una risa nerviosa y un extraño punto de hiperactividad—. He aprendido más contigo que con mi profesor de Química en el instituto.

—Vaya... —contesté abrumado—. Muchas gracias, pero tampoco hay que exagerar las cosas. No me considero ningún...

—Ay, *guapi*, ¿vas a ir a por otra? —nos interrumpió Carly, mientras señalaba el tercio de cerveza casi vacío que sostenía—. ¿Me puedes traer una también a mí, *please*?

—Que sean dos —añadí yo—. *Please*.

Por suerte, la muchacha no era tonta y entendió perfectamente que Carly la estaba echando de manera educada. Volvió a sonreír de manera forzada, intentando aparentar emoción por haber sido elegida chica de los recados y se marchó por donde había venido.

—A esta no te acerques mucho —me susurró Carly—. Es una trepa. Sí, tiene una voz preciosa y todo lo que tú quieras, pero... —Hizo un gesto poniendo los ojos en blanco—. Que no te engañen su inocencia y cara bonita. Si está aquí es porque está saliendo con Manny. Y él sí que es mi amigo.

—¡Aquí tenéis! —@BettyMoore apareció en un abrir y cerrar de ojos con una radiante sonrisa y un par de tercios frescos en la mano.

—¡Muchas gracias, *guapi*! —contestó Carly con la misma efusividad—. Voy a hacerle un *tour* por la casa. ¡Ahora te veo!

La dejamos con la sonrisa puesta, la cara de tonta y su cerveza medio vacía, mientras que Carly seguía aferrada a mi brazo, dispuesta a continuar con la conversación en privado.

—Sé que este no es tu mundo. Quiero decir..., ¿qué pintas tú y tu contenido con esos de ahí fuera? —No supe si tomarme aquello como un halago o un insulto—. Pero internet no es solo esta gente, Nino. Hay un montón de creadores y creadoras que están centrados en la divulgación, ciencia, cultura...

No es que sintiera que Carly estuviera desprestigiando a sus amigos, pero sí que en su voz había cierta vergüenza a consecuencia de los prejuicios habituales hacia los *influencers*. Le preocupaba que mi contenido no encajara con el de aquella gente y tenía toda la razón del mundo, la verdad: aquellas personas eran los típicos chavales famosos de internet que daban la impresión de vivir del cuento. Lo que yo hacía no tenía nada que ver con lo que ellos subían a sus redes. Ni mi forma de pensar, ni mi aspecto... ¿Y Leti y Kike? ¿Qué papel desempeñaban en aquella ecuación? Es cierto que me faltaba información de la fiesta de graduación, pero... ¿quizá les había invitado para que así me animara a ir a la barbacoa? Volví a sentirme un bicho raro.

—¿Qué estoy haciendo aquí? —pregunté sin rodeos—. ¿Por qué me has invitado?

—Tengo que confesarte una cosa —me dijo—, tu experimento me ha dado muchas alegrías. Se ha compartido un montón, la gente lo ha hecho en sus perfiles. Has conseguido algo que pocos pueden: generar una tendencia.

—La suerte del principiante —confesé.

—No, no —se rio, como si hubiera dicho algo inocente—. Ahora todo el mundo quiere ser creativo y subir algo que se convierta en tendencia. Aquí no hay principiantes. Hay gente que sabe y gente que quiere aparentar que sabe. Y tú, querido, perteneces al primer grupo.

—¿A dónde quieres ir a parar?

Carly me soltó del brazo, se giró hacia mí y lanzó una mirada a la terraza para cerciorarse de que nadie nos espiaba. Después, se humedeció los labios y me miró directamente con aquellos ojos color ámbar, felinos. La mirada seductora se enfrió de repente y vi a una chica sincera que no tenía problema alguno en mostrarse vulnerable.

—Estoy un poco estancada —me confesó—. No es que mi contenido haya dejado de funcionar, pero... me empiezo a cansar un poco de estar haciendo *showrooms* y otras cosas típicas del *lifestyle* de niña rica. Cuando te copié el experimento me lo pasé bien, le aporté mi toque y, además, funcionó. —Volvió a mirar a la terraza, se volvió a relamer los labios y acortó nuestra distancia en unos pocos centímetros—. Quiero que colaboremos.

—Co... —carraspeé para disimular el gallo—. ¿Colaborar?

Y en medio de aquella proposición profesional indecente (que no sé cuánto de profesional y de personal tenía) sonó el timbre de forma insistente.

—Oh..., vaya —suspiró decepcionada Carly mientras comprobaba la hora en su móvil—. Ese tiene que ser tu amigo.

La ironía brillaba en aquel adjetivo. Me lo confirmaron los ojos en blanco y el resoplido con el que terminó la frase. Así que no tardé en poner nombre y apellidos al nuevo invitado de aquella fiesta. Cuando Carly fue a abrirle, yo salí de nuevo a la terraza a buscar a Kike y Leti. Aproveché para avasallar a mi amigo, quien se había escapado a la mesa de *snacks* y frutos secos para llevarse algo a la boca con un par de cervezas en la mano.

—Ha venido Marchetti —anuncié agobiado—. Ha invitado al estúpido de su primo, joder.

—¿Qué pasa? —dijo Leti mientras agarraba el segundo tercio que Kike le estaba guardando.

—Que ha llegado el rey de Roma —explicó mi amigo—. ¿Quieres que aprovechemos y hagamos una bomba de humo?

—¡Kike! —le espetó Leti dándole un golpe en el brazo—. No te aproveches de la situación para escapar, listillo.

—Vamos a ver, Leti… ¿Tú has visto a toda esta gente? No pintamos nada. No sé por qué nos ha invitado esta mujer a su casa. Pensaba que iba a venir más gente de clase, pero…, joder, salvo por el que acaba de llegar, estamos solo nosotros tres.

Kike estaba saturado de tanto faranduleo, más aún cuando había conocido a unos cuantos en la noche de la graduación y no terminó de hacer buenas migas con ellos. Conmigo tenía la excusa perfecta para marcharse, pero… ¿yo quería irme de aquel lugar?

Si Carly nos había invitado, era porque quería tener conmigo la conversación que su primo había interrumpido. ¿Qué clase de colaboración quería hacer?

—Me ha dicho… —comencé—. Me ha dicho que quiere colaborar conmigo.

—¿Colaborar? —preguntó Kike alzando la ceja—. ¿Qué entendemos por «colaborar»?

—Eso mismo he preguntado yo.

—Entonces está claro por qué estamos aquí, queridos —contestó Leti orgullosa—. Te va a proponer un *business*.

Cuando Leti pronunció aquella última palabra con un esnobismo exagerado, nos interrumpieron los gritos de Marchetti en busca de atención.

—Tú dirás, Nino —insistió Kike—. ¿Quieres que nos larguemos?

No te vas a ir de aquí hasta que averigües lo que esa tía quiere de ti.

Las palabras vibraron en mi pecho, como cada vez que le escuchaba hablar. Y, por primera vez, hice caso a aquel extraño de mi interior.

—No —contesté con convicción a mis amigos—. Se acabó lo de huir.

790 seguidores

Los tontos hacen tonterías.
Pero no todas las tonterías son tontas.

—¡*Holisss*!

Marchetti hizo su entrada triunfal en bermudas de Lacoste, camisa remangada de Tommy Hilfiger, alpargatas de *vete a saber tú qué marca* y unas Ray-Ban. Vamos, que el amigo iba a juego con la casa de su prima. Siempre había tenido un estilo pijo en el colegio, pero fuera de él la tontería se multiplicaba en un patético intento por aparentar fortuna.

Las disimuladas miradas en blanco que pusieron algunos de los invitados me demostraron una cosa: en aquellas tierras no era el rey. Si en clase se le había etiquetado como popular, con los amigos de su prima era un peón que estaba desesperado por encajar y alcanzar el mismo estatus social.

Saludo por aquí. Dos besos por allá. Abrazos vacíos que buscaban reciprocidad.

Pero entonces vio a Leti. Y, al lado de esta, reconoció a Kike. Y, como dos más dos suman cuatro, su cara no pudo evitar mostrar la sorpresa de verme ahí, comiendo pistachos y bebiendo cerveza en la terraza de su prima y rodeado del faranduleo *influencer*. Se acercó por pura inercia a nuestra posición.

—Creo que no hace falta que os presente —nos dijo Carly luciendo una sonrisa lobuna.

—¿Qué hacen aquí? —preguntó Marchetti sin esconder su desagrado.

—Lo mismo que tú: comer, beber y pasarlo bien.

Marchetti nos dio la espalda y le susurró algo a su prima. Yo, directamente, le ignoré y me giré hacia la mesa de picoteo para llevarme algo a la boca. Pude escuchar de fondo como Carly le recordaba que íbamos a compartir clase en la universidad y que, al fin y al cabo, nos venía bien juntarnos de cara a septiembre. Aquello me provocó un escalofrío que me hizo replantearme mi presencia en aquel lugar.

Toda aquella convicción con la que me había armado de valor se esfumó en un momento. La vista se me empezó a nublar. El mareo y las náuseas volvieron a sacudirme el estómago. Intenté fijar mi vista en algún punto, pero el panorama no me ayudaba: personas con móviles (o móviles con personas); quien no estaba grabando algo para sus redes navegaba por ellas. Incluso cuando hablaban entre ellos, lo hacían con un ojo puesto en la pantalla del móvil. Y en medio de aquel cuadro... Marchetti.

—Tengo... —dije a mis amigos aturdido—. Ahora vengo.

Pregunté dónde estaba el servicio y fui directo a él. Cerré la puerta del baño, abrí el grifo del lavabo y comencé a echarme agua fría en la cara y la nuca. Cuando alcé el rostro, me encontré con mi reflejo en el espejo.

—No pinto nada aquí —susurré.

Mis gestos se endurecieron, mis pulsaciones se relajaron y una sonrisa emergió de la comisura de mis labios.

Déjamelo.

Me pidió.

Solo un rato.

Sentí una excitación extraña, como si estuviera a punto de montarme en una montaña rusa y la expectación por sentir la caída libre aumentara la adrenalina.

—¿Para qué? —pregunté agobiado—. No necesitamos nada de esta gente. Podemos irnos y...

Marchetti. Los necesitamos para quitarnos de en medio a Marchetti.

—¿Y cómo vamos a conseguir eso?

Él sonrió. La misma sonrisa lobuna que había visto aquella tarde en el espejo de mi cuarto cuando estampé mis nudillos en él. Un rostro calmado, tranquilo, decidido. *Él* sabía lo que teníamos que hacer. Yo era incapaz de actuar. Con Marchetti presente, el miedo se había apoderado de mí porque sabía que iba a intentar dejarme en ridículo delante de todo el mundo. Igual que lo hacía en clase para quedar bien delante de su panda de orangutanes.

Déjamelo, repitió.

Deslicé mi mano al interior del bolsillo de la bermuda y palpé el pequeño cilindro de vidrio en el que guardaba mi más preciado secreto. Saqué el recipiente con cuidado y lo observé durante unos segundos, sosteniéndolo con mis dedos y dejándome hipnotizar por su azulado color. Tres gotas de aquel líquido amargo bajaron por mi garganta.

Alguien golpeó la puerta del baño.

—Nino, soy yo —dijo Kike—. Ábreme.

Guardé la poción en el bolsillo y deslicé el pestillo. Mi amigo entró, volviendo a cerrar la puerta detrás de él.

—¿Estás bien? —me preguntó preocupado.

—Sí, sí... —contesté, aún aturdido, tocándome la nuca—. Creo que me ha dado un golpe de calor. Eso es todo.

Kike alzó las cejas, escéptico y consciente de que aquello era una excusa que me acababa de sacar de la manga. Sin embargo, yo también noté en su rostro cierta agitación.

—¿Tú estás bien? —le pregunté.

—Sí, sí, pero... —suspiró antes de continuar—. Me voy a ir.

—¿Qué? —pregunté alterado—. ¿Por qué?

—¿Por qué? Nino, ¿has visto este sitio? ¿A esa gente? ¡No pintamos nada!

—Sé que es distinto a lo que solemos hacer, pero...

—¡Ni siquiera Leti pega aquí, por Dios! —farfulló—. Intenta encajar con todos estos niñatos y... se me revuelve el estómago.

—Kike... —suspiré—. Creo que estás sacando las cosas de quicio. ¡No llevamos nada! ¿No crees que estás prejuzgando un poquito? Además, no sé por qué dices eso de Leti . Yo la veo muy integrada.

—Sí... Integradísima... —farfulló con ironía—. Sobre todo con ese que parece el primo de C. Tangana. Mira, lo mejor será que me vaya. Vosotros haced lo que queráis.

—*No, si a ti lo que mejor se te da es pirarte.*

Lo solté mirándome en el espejo, consciente de que había sido *Él* quien había hablado. ¿La poción hacía efecto con tan poco tiempo? ¿O quizá estaba vulnerable tras la conversación conmigo mismo?

—¿Perdona? —contestó mi amigo, descolocado por

mi comentario.

Respiré hondo, volví a mirarme en el espejo y me di la vuelta, decidido. No, en aquel momento no podía dejarle salir.

—Nada, Kike. Que te vayas tranquilo. Luego hablamos —dije, intentando huir de aquella conversación que, a cada segundo, se me iba haciendo más pesada.

—No, no —me detuvo poniendo una mano sobre mi hombro—. ¿Qué has querido decir con eso?

El pecho me empezó a vibrar y los sudores fríos comenzaron a recorrerme la nuca. Mis sentidos se agudizaron, olía cosas que antes no podía, escuchaba zumbidos que no existían. Era *Él* queriendo salir, preparándose para dominar mi cuerpo. ¡Tenía que salir de ahí antes de que dejara de tener el control de la situación!

—Kike —le contesté tajante, agarrando su muñeca con más fuerza de la habitual y colocándole el brazo en su sitio—. Si te quieres ir, vete. En caso contrario, ¿puedes apartarte de la puerta, por favor?

En su mirada pude ver la misma cara de desconcierto que pusieron mis padres días atrás. No era para menos: mi mejor amigo nunca había visto al extraño que había en mí. Aunque mi respuesta no fue una amenaza, sí que hubo una resistencia total por mi parte a seguir con aquella conversación. Kike se apartó confundido y yo salí del cuarto de baño, dejándole ahí sin importarme lo que fuera hacer.

De vuelta a la terraza, pude sentir el hormigueo en mi interior. Un cosquilleo que se asemejaba a los nervios que siente un artista cuando va a salir al escenario. Mi cuerpo se relajó y, como respuesta, torcí el cuello y mis cervicales crujieron en un desagradable sonido. Me dejé llevar por aquella sensación que, en cierta manera, me aturdía e hipnotizaba. De inmediato supe que le había dejado salir. *Él* iba a tomar el control de la situación.

Al llegar, fui directo a donde estaba Leti. Conversaba con los dos cómicos y la representante. Alzó la vista cuando me acerqué, como si nuestros cuerpos estuvieran conectados de una forma telepática y sensorial; me regaló una de sus espectaculares sonrisas.

—¿... estudiar Arquitectura? —le preguntaba uno de los *influencers*—. Tienes madera para dedicarte al mundo del marketing y la publi.

—Eso mismo le digo yo —intervine con una sonrisa—. Disculpadme, no me acuerdo de vuestros nombres. Soy un desastre...

No es que no supiera sus nombres; es que Carly, directamente, solo me había dicho el usuario que tenían en redes. Por suerte, no se distinguían mucho de su nombre real: Rai (sí, de Raimundo) y Manny. A su lado, estaban Raquel y John.

—Justo le estaba comentando a Leti lo chulos que están tus vídeos —me dijo la representante de Carly.

—¿Los has visto?

—Cari —me dijo mientras se colocaba las gafas de sol—, todos hemos visto tu vídeo de la pintura invisible.

—Bueno, bueno... —intervino Carly—. Que sepas, Nino, que esto en el «Raquel-lenguaje» significa que te tiene fichado.

Lo dijo mientras se llevaba el botellín a los labios, mirándome de una forma cómplice. Y yo, en un gesto de agradecimiento, alcé mi cerveza y brindé con ella. Sin embargo, cuando me giré hacia Leti, noté cierta confusión en su rostro. Fue sutil, oculta en aquella sonrisa permanente que, durante una milésima de segundo, se quedó congelada, y en sus ojos pude leer algo distinto a lo que insinuaba su boca.

—Bueno, habrá que ver cómo le trata la vida —confesó Raquel sin tapujos mientras miraba su móvil—. De momento poco puedo hacer con... 790 seguidores.

—Dame un mes, querida. Y a ese número tendrás que ponerle un cero más —dijo Carly—. Y en tres..., añade otro.

Me entró la risa.

—¿Siete mil seguidores? ¿En menos de un mes?

—Acepto el reto —dijo Carly brindando conmigo de nuevo—. Vamos, Leti. Dile que puede llegar a esos número en menos de un mes.

Miré a mi amiga que, igual de confundida que yo, se limitó a sonreír y unirse al brindis. Después comenzaron a hablar de varias campañas, posicionamiento, números y demás cosas con las que Leti y yo nos perdíamos un poco.

—Oye..., ¿y Kike? —me preguntó mi amiga en un susurro.

—Se ha ido, supongo —contesté con indiferencia recordando nuestro encontronazo en el baño.

—Oye, prima —la voz nasal de Marchetti nos hizo volver a la conversación del grupo—, si quieres que te cuente los secretos de este tipejo, tan solo tienes que pedírmelo.

Lo dijo sonriente, vacilón, proyectando su voz para que le oyera todo el mundo y poniendo su brazo alrededor de los hombros de Carly. Como quien enseña sus cartas antes de tiempo, convencido de que tiene la mano ganadora porque juega en casa. ¿Qué secretos sabía aquel imbécil sobre mí? ¿Qué pretendía con aquel alardeo de chulería y superioridad? Durante unos segundos sentí en mi interior el miedo a lo que pudiera decir, pero de repente...

Quiere meter el primer tanto del partido, escuché en mi interior.

Déjame regatear como es debido.

Y le dejé.

—*¡Atención, por favor!* —grité alzando la voz—. *¡Hola! ¿Podéis prestar atención un segundito, por favor?* —La música se cortó de golpe, mientras que los rostros de Marchetti y Leti se quedaron petrificados—. *Bien, gracias. Veréis,* *aquí mi amigo Marchetti, el primo de Carly, como todos sabréis, dice que sabe un montón de secretos sobre mí.*

—Nino, ¿qué estás haciendo? —me susurró Leti por lo bajo.

—*¡Adelante! ¡Cuéntales, Marchetti!* —dije ignorando a mi amiga—. *Por favor, estoy deseando saber lo que tengas que decir sobre mí.*

Carly permanecía bajo el brazo de su primo, pero no escondió la satisfacción que le produjo ver a Marchetti sin saber qué hacer o decir. Estaba claro que sus intenciones eran dejarme en ridículo, así que tenía que darle la vuelta a la situación para ponerla a mi favor.

—Bueno, son tonterías en el fondo —contestó con una risa nerviosa—. Como el mote que te pusieron en clase y eso.

—*Oh, Marchetti, por favor* —dije contagiándome de la sonrisa lobuna de Carly—. *No te quites méritos. ¡El mote que TÚ me pusiste! Compártelo con toda esta gente, por favor. Diles cómo me llamas en clase.*

El silencio se volvió incómodo. Todo el mundo empezó a intuir que quizá mis palabras cargadas de efusividad y alegría eran, en el fondo, una medicina irónica para batear a Marchetti.

—Pardillo. Nino Pardillo.

No fue él quien lo dijo, sino Leti. El silencio lo rompió una forzada carcajada de Marchetti que apestaba a nervios en vez de a burla. El tiro le salió por la culata y se convirtió en la víctima de su propia encerrona.

—Es que se apellida Pardino y...

—*Igual me cambio el nombre de usuario de mis redes* —le interrumpí—. *Vosotros entendéis más de estas cosas. ¿Qué opináis? ¿@NinoPardillo tiene más gancho? Lo de insultarse a uno mismo funciona en este mundillo, ¿no?*

—@NinoPardino es perfecto —dijo Carly sonriéndome.

—La verdad es que tienes nombre de mago —apuntó Raquel—. ¡El gran Nino Pardino!

—*Lástima que solo haga ciencia* —apunté, para volver a mirar a mi némesis del instituto—, *¿verdad, Marchetti?*

—Oye, oye, pero tienes experimentos de puta madre —intervino, intentando solucionar la situación—. ¡Y aquí otro secreto! ¿Sabéis que este tío ha inventado una bebida con la que te pones pedo, pero no te da resaca?

Marchetti se sintió tan arrinconado por la situación que pasó de la burla a la admiración en un abrir y cerrar de ojos. Aquella gente no se divertía humillándome ni se metía con mi nombre y apellido, sino que, de verdad, admiraban mi labor como científico. Así que Marchetti decidió convertirse en la persona que comparte información confidencial con el resto del planeta.

Y le funcionó, porque enseguida estaba todo el mundo preguntando que si era verdad aquello, que cómo era posible.

—¡Pásanos la receta, anda! —dijo Manny.

—Eso lo subes a TikTok y triunfas, nene —anunció @QueenCuore.

—*No, no* —contesté con una sonrisa canalla—. *Con esa bebida pasa lo mismo que con la receta de Coca-Cola: no se comparte. ¡Es un secreto!*

Los abucheos cómplices inundaron la terraza, todos ellos cargados de sonrisas, por supuesto. ¡Me estaba haciendo el interesante y estaba dando resultados!

—Aunque yo, la verdad, no lo he probado —añadió Marchetti volviendo a sonreír de forma maligna—, así que no sé si funciona o es un... experimento fallido.

—¡Oh, sí que funciona! Doy fe de ello —intervino Leti, mirándome cómplice con una sonrisa para que le siguiera la corriente—. Funciona de maravilla. Lo que pasa es que Nino es de esos científicos que dejan los experimentos más importantes y molones en el laboratorio. Y solo los comparte con sus amigos más cercanos.

Leti devolvió la estocada a Marchetti con tal elegancia que le sacó de la ecuación de la amistad de un plumazo. Con aquellas palabras, mi mejor amiga dejó bastante claro que aquel elemento y yo habíamos compartido clase, pero no teníamos una relación estrecha.

—Bueno, Pardillo, ahora que vamos a seguir siendo compis en la uni tendrás que compartir conmigo esos experimentos, ¿no?

—No le llames así —le espetó su prima apartándose de él.

—¿Qué? ¡Si siempre le he llamado así! ¡Y no le importa! ¿A que no, Pardillo? —me dijo mientras me daba un abrazo.

El asco. La rabia. El rechazo social. Todas aquellas emociones tóxicas que me generaba Marchetti volvieron a crecer en mi interior. El muy sinvergüenza seguía queriendo dejarme en ridículo. Posiblemente, mi numerito le habría tocado el ego y su orgullo no estaba dispuesto a quedarse de brazos cruzados. Sin embargo, se había creado un ambiente a mi favor. Si ya de por sí Marchetti parecía no caer del todo bien en aquel grupo, mi intervención confirmó lo que todos se imaginaban: que era un gilipollas integral.

Y allá vamos...

Le devolví el abrazo y le acaricié la nuca para después darle un par de palmaditas en la espalda.

—*¿Sabes lo que de verdad me molesta, Marchetti?* —me relamí con una sonrisa—. *Que me copies mal los experimentos. Si quieres grabarte haciendo la gracia de la tinta invisible, mezcla bien los ingredientes. ¡Que tu prima lo ha hecho mejor que tú y ella no ha hecho el bachillerato de ciencias, macho!*

El par de collejas que le di fueron acompañadas de un estallido de risas por parte de todos los asistentes.

—*Así que, por favor, la próxima vez que vayas a copiarme, hazlo bien.*

—¡Y menciónale, gañán! —gritó Raquel.

La gente, no me preguntes por qué, comenzó a aplaudir. Y entre todas aquellas risas y vítores, volvió a sonar la música y cada cual volvió a centrar la atención en lo que estaba haciendo (y en sus móviles, por supuesto), mientras que yo volví a agarrar a Marchetti antes de que este se me escapara y le susurré al oído:

—*Como me vuelvas a llamar Pardillo, le enseño a toda esta gente la cicatriz que tengo por la quemadura de aquel cigarrillo. Seguro que no les hace tanta gracia como el mote.*

Marchetti no contestó. Le desarmé. En su mirada pude ver el odio y la frustración de haberlo dejado en ridículo. Le di a probar de su propia medicina y... ¡funcionó! Mientras que mi enemigo del colegio se retiraba cabizbajo a por una cerveza con la mirada puesta en la pantalla de su móvil, Leti me agarró del brazo.

—¿Qué acaba de pasar?

—Lo que debería haber pasado hace mucho tiempo —confesé más tranquilo.

Y en su cara pude ver la misma confusión que Kike me mostró momentos antes.

—¿Quién eres y qué has hecho con mi amigo? —me preguntó soltando una risa nerviosa.

Yo le contesté con otra sonrisa y un nuevo brindis. *Él*, por su parte, solo compartió su respuesta conmigo:

Mejorarlo.

1000 seguidores

Si una persona puede cambiar el mundo…,
¡imagínate mil!

Cada día que pasaba, el experimento de la pintura invisible iba llegando a más usuarios en forma de reto o vídeo viral. Eso significó que mi comunidad creció hasta el punto de que en cuestión de días llegué a superar los mil seguidores. ¡Mil *followers*!

—No deberías llamarlos *followers* —se burló Leti mientras alzaba la mano con su móvil e imitaba a Linda, la mujer de la pareja *influencer* que conocí en la fiesta de Carly—, yo prefiero llamarlos... ¡*trufitas*! ¡Mis *trufitas*!

—Dios mío... —le contesté cubriéndome el rostro con las manos—. Si alguna vez digo alguna tontería así, por favor, pégame. Bien fuerte, además.

Me resultaba inevitable sentir cierta vergüenza ajena hacia aquellos mundos utópicos que se habían montado en la cabeza algunas de aquellas afamadas personas de las redes. Que generar una comunidad era lo más importante, me decían. Y mucho cuidado con los *trolls*.

—Raquel me contó que dejó YouTube porque no tenía estómago para lidiar con los comentarios de la gente —añadió Leti—. ¿Te ha salido ya algún *hater*?

La barbacoa de Carly no solo me sirvió para conocer a gente y marcar distancias con Marchetti. A todos los invitados les encantaba hablar de ellos y de su trabajo, así que tanto Leti como yo comenzamos a apuntar mentalmente varios consejos y formas de crear contenido. Decidimos por tanto quedar unos días después para grabar en mi laboratorio-habitación un par de vídeos con los conocimientos adquiridos.

—¡Tierra llamando a Nino! ¿Me recibes? —insistió mi amiga, tumbada en mi cama, mientras lanzaba al aire un cubo de Rubik como si fuera una pelota.

—¿Qué quieres, pesada? —contesté, aún peleándome con el set de grabación.

—Que si te ha salido ya algún *hater* —volvió a preguntar girándose hacia mí—. ¿Te echo un cable?

—No, no tengo *haters*. Que yo sepa —contesté mientras terminaba de encajar el móvil en un aparato recién comprado que servía para estabilizar la imagen cuando la cámara se moviera más de lo normal—. Y no hace falta que me eches nada, porque creo... que esto ya está.

—Bueno, en algo tendré que ayudarte, ¿no? —me dijo incorporándose con cierto ímpetu—. ¿O me has hecho venir para nada?

—Vas a ejercer de cámara. ¿Te parece poco?

—¿¡Qué!? Yo pensaba que iba a ser tu modelo de manos o algo así... Para manejar eso, mejor haber llamado a Kike.

Me quedé callado. No sabía nada de él desde que se fue de mala gana de la barbacoa. Y, por cómo suspiró Leti..., ella tampoco.

—Se marchó un poco raro... —apuntó mi amiga—. Sin despedirse ni nada.

—Sí, no se sentía cómodo.

—¿Por qué?

Me giré hacia ella y me encontré con una Leti preocupada. Algo que no solía ser muy habitual, la verdad. Así que intenté restarle importancia.

—Supuestamente, porque no encajaba con «aquella gente» —dije haciendo el gesto de comillas con los dedos—. ¿Nos ponemos con esto?

—¿Y tú crees que se marchó por otra cosa? —insistió.

Me encogí de hombros y volví a lo mío.

Una parte de mí apostaba a que el encontronazo que tuvimos en el baño, con *Él* haciendo su aparición estelar, podría tener algo que ver. Pero tampoco quise hablar de aquel pequeño percance, así que me mantuve en silencio y volví a centrarme en el experimento que estábamos a punto de grabar.

—Pues yo creo que se lo hubiera pasado bien —dijo Leti—. ¡Mira lo suelto que estabas tú!

Me volví a girar.

—¿Qué quieres decir?

—A ver, Nino, mi vida, que no eres la persona más extrovertida que conozco y... ¡el sábado parecías un relaciones públicas! —exclamó riéndose—. Ojo, no es una crítica, pero... me sorprendió. Nunca te había visto así.

¿Tanto me cambiaba aquella poción? ¿Qué clase de propiedades tenía la extraña flor de loto?

—Crees... —pregunté asustado—. ¿Crees que debería haberme callado? Con Marchetti, digo.

—Supongo que no —me dijo Leti dubitativa, acercándose—. Iba a hacerte lo mismo que en clase. Y siempre te estamos diciendo que te defiendas, así que..., hiciste bien.

—¿Pero...? —pregunté, consciente de que en su interior estaba juzgando algo que no quería compartir.

—Nada, ya te lo he dicho: me sorprendió verte así —confesó mientras comenzaba a trastear con el aparato del móvil—. Fuiste muy... lanzado. Fue valiente.

Aquella última palabra se quedó grabada en mi cerebro. ¿Estaría funcionando el experimento? ¿Había conseguido potenciar de alguna manera mi valentía? Me emocioné solo de pensarlo. ¡Aquel experimento podría revolucionar el mundo!

—¿Por qué sonríes? —preguntó Leti.

—Es que...

Es que nada.

Él tomó la decisión por mí. Estaba dispuesto a contarle a mi mejor amiga el motivo del cambio de actitud que llevaba mostrando los últimos días, pero *su voz* me hizo descartar la idea por completo. ¿No era buena idea? ¿Y si Leti se enfadaba y me juzgaba? ¿Hubiera dejado aquel experimento? ¿Habría hecho que *Él* desapareciera?

Volví a mentir a mi mejor amiga.

—Es que... —repetí—. Me emociona ver que mis experimentos llegan a lugares más allá de estas cuatro paredes.

—Y más lejos que van a llegar, ¡ya verás! —me animó—. Vamos a grabar este... ¿gel magnético?

—Me gusta. Tiene gancho.

Tardamos menos de una hora en grabar los distintos pasos que formaban aquella pasta plateada que servía para crear imanes de nevera como si fuera una receta de cocina. Lo hicimos todo pensando en el montaje final, teniendo en cuenta todos los consejos que nos dieron los distintos *influencers*.

—¿A qué hora has quedado con Carly? —preguntó Leti mientras me ayudaba a recoger todo.

La llegada de Marchetti había interrumpido la conversación que terminó con la propuesta de colaboración. Así que acordamos vernos para hablar tranquilamente del tema, sin nadie que nos molestara.

—Pues ahora, en un rato —dije mientras miraba el reloj—. Me doy una ducha y salgo para allá. ¿Tú qué planes tienes?

—Ir a casa de Kike y averiguar qué le pasó.

Se me hizo un nudo en el estómago.

—Bueno, ya le conoces... —dije, restando de nuevo importancia.

—No, la verdad es que no —contestó tajante—. Estáis los dos muy raros. O igual soy yo la que está rara, no sé.

Me callé. Pero el silencio da también una respuesta y está claro que a mi amiga no le convenció. Me miró con el mismo desconcierto que en la barbacoa. No porque no me conociera, sino porque había algo distinto en mí. Algo que no terminaba de encajar con mi forma de ser, con mi manera de comportarme o de hablar. Supongo que es algo que ve todo el mundo cuando un allegado empieza a introducirse en un mundo ajeno. Y a mí, en aquel momento, se me abrían las puertas de un lugar en el que no había sitio ni para Leti ni para Kike.

Despaché a mi mejor amiga como si nada, me di una ducha rápida y acudí a mi encuentro privado con Carly en una de las cafeterías del centro. El lugar era un sitio de desayunos y meriendas, con batidos y *smoothies* ecológicos, tartas caseras y productos veganos. Las baldosas del local habían sido cubiertas por un césped artificial que daba la sensación de estar en un jardín interior. Hasta tenía un árbol en el centro del salón donde se repartían las mesas de los comensales con sus guirnaldas y luces, que colgaban de las ramas y llegaban hasta las distintas paredes del local.

—Fíjate que soy del barrio y... ¡nunca había entrado aquí! —confesé—. Mola un montón.

—El mundo vegano tiene lugares muy mágicos —me contestó Carly mientras nos acomodábamos en una de las mesas libres.

La camarera se acercó para tomar nota de nuestra comanda: un par de batidos acompañados de una tarta vegana de zanahoria.

—Le caíste muy bien a mis amigos —me confesó Carly—. Aunque el numerito final con mi primo sobró un poco.

Aquello me dejó descolocado. ¿Quería hablarme en privado por lo que ocurrió con Marchetti? ¿Le había entado mal que dejara en ridículo a su primo delante de odo el mundo? ¡Si sus amigos aplaudieron con vítores todo! Y hasta ella se puso de mi parte cuando me llamó Pardillo».

—¿A qué te refieres?

—Por mucho que odie a Jorge, no puedo dejar que e pongas en ridículo. Que luego va llorando a mis tíos ...

—Entiendo —contesté—. Lo siento. No era mi intención, pero...

—Te defendiste —interrumpió—. Lo sé. Sé cómo es y uelo sus intenciones de lejos porque... —suspiró—. Porque antes de ser famosa, me hacía lo mismo a mí.

—Pero la familia es la familia —respondí con una sonrisa cómplice.

—Exacto.

La llegada de la comanda interrumpió aquel momento. A pesar de la estupenda pinta que tenía mi batido de menta y galletas, el estómago se me cerró por culpa de la inesperada conversación.

—También te digo que la cara que puso... no tiene precio —me confesó alzando su vaso para brindar.

Yo hice lo propio y di un sorbo a la bebida para después, más relajado, hincarle el diente a la tarta de zanahoria. ¡Deliciosa, por cierto!

—Pero no quería quedar contigo para hablar de esto —continuó—. Nos quedó una conversación pendiente.

—La colaboración —respondí.

—La colaboración —repitió.

Carly fue directa al grano. Me confesó que, aunque sus números en TikTok e Instagram seguían manteniéndose y su agencia estaba encantada con ella, sentía que se estaba estancando a la hora de crear contenido. @Carly_Amaretto era lo que ella misma denominaba una *influencer lifestyle*: personas que crean contenido con las experiencias que viven. Obviamente, la vida de lujos que llevaba le aportaba muchos puntos porque vendía algo que, para muchos, era inalcanzable. La imagen que se creó con el paso del tiempo hizo que las marcas vieran en ella un atractivo para hacer campañas de sus productos.

—No me malinterpretes —me explicó—. Me encantan las *promos* que hago de *make up*, que me inviten a *showrooms*, viajes, etc. Puedes tener todo el dinero del mundo, pero hay experiencias que solo te las da la fama en redes. Y @Carly_Amaretto me ha dado mucho de eso.

—¿Pero...? —dije al ver que se producía un silencio dubitativo por su parte.

—Pero estoy dejando de disfrutarlo —dijo con un suspiro—. Quiero probar cosas nuevas y cuando hice tu experimento y vi la aceptación que tuvo me sentí... —meditó bien sus palabras—. Sentí ese gusanillo en el estómago. Una sensación que, si te soy sincera, había dejado de sentir. Cada historia que subo, cada *post* que cuelgo... ¿Sabes lo horrible que es tener la presión de estar a la altura? ¿La sensación constante de preguntarme si gustaré y sorprenderé a la gente? Es todo tan superficial que... a veces me pregunto si sigo siendo yo misma.

Si sigo teniendo yo el control del contenido que creo, o bien... lo tienen los malditos *followers*. Quiero sentirme libre, Nino. Como tú.

Aquella confesión me dejó helado. No sabía qué decir ante sus sinceras palabras. La felicidad que veía en las redes de Carly, ¿era mentira? ¿Era todo una pantomima? ¿Un espejo trucado de una realidad que no existía? Una parte de mí se sintió identificada por padecer la presión por encajar y estar a la altura de las circunstancias. Lo único que mi guerra era con la vida misma y la suya con su mundo virtual. ¿Acaso era real mi libertad? ¿Acaso no era presa de mis miedos? ¿No había creado una poción para romper con aquello?

Sacudí mi cabeza como si quisiera deshacerme de todas las reflexiones.

—¿Qué es lo que quieres de mí?

Ella se volvió a relamer los labios de manera coqueta, colocándose uno de sus mechones violeta detrás de la oreja.

—Aprovecharme de tu magia —me dijo con una sonrisa—. ¿Crees que podría ver tus experimentos antes que nadie? Así puedo saber cuáles encajan en mi audiencia antes de que los cuelgues y pienso en algo chulo para mi *feed*. Por supuesto, lo subiría después de ti, te mencionaría, etiquetaría... Te daría la presencia que quieras.

Audiencia, *feed*, presencia... Aquellas palabras se me escapaban. Era lo más parecido a tener una conversación en chino. ¡Ni siquiera sabía qué clase de gente seguía a Carly!

—Carly, no tengo ni idea de tu audiencia, ni de lo que haces —confesé un poco agobiado—. Yo no sé cómo funciona esto.

—¡Lo sé! —contestó, poniendo su mano sobre la mía en un intento por calmarme—. No te estoy pidiendo que pienses en mi audiencia. ¡La ignorancia del primerizo es lo que te está haciendo crecer tanto! Eres fiel a tu contenido porque solo piensas en disfrutar lo que creas. No estás pensando en lo que quiere la gente. Todavía no has vendido tu alma al diablo.

—¿Todavía? —contesté con una sonrisa vacilona.

—Nino —continuó muy seria—, ahora mismo estás empezando a ser tendencia. Y no necesitas la ayuda de nadie porque, créeme, tú solo con lo que haces te vas a servir solito para llegar a los treinta o cuarenta mil seguidores. Quizá cincuenta.

Oír aquellos números por primera vez me produjo un nudo en la garganta. ¡Pensé que aquella tía estaba loca! ¿Cómo iba a llegar yo «solito» a tener tales números?

—No me mires así, querido —me dijo sin aparcar su solemne carácter—. Hablo muy en serio. Has dado con una gallina de huevos de oro. Del mismo modo que yo di con una el año pasado. O John. O Maximoos.

—¿Maximoos? ¿Maximoos Life? —pregunté sorprendido—. ¿Conoces a Maximoos Life?

Aquella pregunta hizo que Carly aparcara su semblante serio y comenzara a reír.

—Nadie conoce a Maximoos Life. Ni siquiera los que compartimos agencia con él.

—Espera, espera... ¿Raquel es la representante de Maximoos?

—¿Te sorprende? —me contestó, coqueta, mientras daba un sorbo a su batido.

—Bueno, si te soy sincero..., me enteré de que existían los representantes de *influencers* el otro día, en tu fiesta.

—Es un mundo. Tener un buen *repre* es fundamental. Hay muchos que están más pendientes del estatus que de sus clientes, es decir, nosotros. A ti te tiene que interesar alguien que vele por ti. Alguien que diga: este tío me va a dar dinero.

—No pienso pagar a nadie para que me represente —contesté.

—¡No le pagas! Al menos directamente. Un representante te busca campañas de publicidad, habla con las marcas y negocia en tu nombre.

—¿Negociar?

Carly me sonrió con ternura, como si fuera un polluelo que acaba de salir del cascarón.

—Nino, ¿cómo te crees que ganamos dinero? Las visitas no dan dinero. Ni los *likes* —me explicó—. Son las marcas quienes nos pagan. Ellas nos proponen acciones comerciales. Y esas acciones tienen un precio. Tu representante negocia lo que vas a hacer, cuánto te van a pagar y a cambio...

—Se lleva un porcentaje —concluí.

—¡Premio!

—Así que cuanto más te paguen, más se lleva él —deduje—. Y, por tanto, más le interesa moverte.

—Lo vas pillando —me dijo, cómplice, mientras daba otro sorbo al batido—. Por eso es muy importante elegir bien a tu representante. Hay mucha víbora por ahí suelta.

De repente, me eché a reír. Me parecía un mundo surrealista. ¿Qué hacía hablando de aquello? ¡Si yo era un don nadie!

—¿Qué te hace tanta gracia?

—Que estés hablando de estas cosas conmigo —confesé—. Yo... ¡acabo de llegar a los mil seguidores!

—¿Qué te apuestas a que en menos de una semana estás triplicando esa cifra?

—¿Tú crees?

—No lo creo. Lo sé. ¿Por qué te crees que estoy aquí? —me confesó—. Creo que has dado con un nicho, con un tipo de tendencia que puede funcionar muy bien y...

—Quieres tu parte del pastel —interrumpí.

—Dicho así suena muy frívolo, pero... sí —me contestó con una ambiciosa y cómplice sonrisa—. Los dos podemos ayudarnos mutuamente. Y, créeme, a mí me hubiera encantado que hace un año alguien me hubiera contado todas estas mierdas. Ya, cuando empieces con el mundo facturas, hablaremos de los autónomos y gestorías decentes.

—Dios mío... —resoplé.

—Perdona si te está agobiando todo esto. No era mi intención.

Volvió a alargar su mano para ponerla sobre la mía. La suavidad de su piel se mezcló con una sutil caricia que, enseguida, me puso la piel de gallina. Mi cuerpo se congeló y me quedé mirándola durante unos segundos, sin saber qué hacer o decir. Sus ojos me mantenían el pulso, como si me hubiera lanzado un hechizo del que no podía salir. Después sentí el tacto de sus uñas, como si aquello fuera una invitación a la provocación. ¿Sería posible que... Carly estuviera flirteando conmigo? Aquella chica de veintidós años se me estaba insinuando y yo no tenía ni idea de qué hacer. ¡Por Dios! Si el único morreo decente que me había dado por aquel entonces había ocurrido un par de años atrás en el pueblo de Kike con la hija del panadero. ¡A la que no volví a ver porque no visité más veces el dichoso pueblo!

Retomé el control de mi cuerpo y, después de carraspear, me levanté más tembloroso que un flan y me excusé con ir al servicio. Quise aparentar serenidad, pero en el fondo estaba muy aturdido con todo aquello: una chica como Carly Marchetti, que vivía de su profesión de *influencer*, no solo valoraba mi faceta de científico y confiaba en mi futuro éxito en redes (¿treinta mil *followers*?, ¡aquello no tenía sentido!), sino que además parecía ¿gustarle? Me sentí tan abrumado que me bloqueé.

Me notaba febril y aquella parálisis comenzó a extasiarme. Decidí echarme un poco de agua en el rostro y mirarme al espejo. Y si...

¿*Él* podría echarme un cable para gestionar todo aquello? Sí, podría funcionar. Tenía que intentarlo. Al fin y al cabo ligar también implicaba valentía, ¿no?

Suspiré y me concentré en mi rostro. Saqué de mi bolsillo el frasquito y me bebí de golpe lo que quedaba de aquel elixir. La última dosis.

Él no tardó en aparecer y dejé que tomara el control de la situación mientras yo lidiaba con un problema que no me había planteado hasta aquel momento: los pétalos de la flor de loto se me habían terminado, no podía fabricar más de aquel brebaje y, por tanto, aquella sería la última tarde que sentiría sus efectos si no conseguía más.

1,5 mil seguidores

Hay magnetismos que no entendemos,
pero el de este gel es una excepción.

Necesitaba encontrar al misterioso hombre para conseguir más pétalos azules. Así que ideé un plan para salir a tomar algo con Kike y Leti por una zona cercana a Lavapiés. Era bastante sencillo: cuando terminara la primera ronda, fingiría un malestar con el que me excusaría para marcharme a casa y así podría ir en busca de mi verdadero objetivo. Ni a mis amigos les sorprendería el que me fuera ni a mis padres les preocuparía que no estuviera en casa a altas horas de la noche.

No sé de qué hablaron Leti y Kike después de que ella se fuera de mi casa, pero la visita que le hizo funcionó, porque allí estábamos los tres bebiendo cócteles (con alcohol, por supuesto, ¡ya había un mayor de edad en el grupo) en un local cerca de la calle Huertas con ambiente hawaiano. Mentiría si dijera que era la primera vez que visitábamos aquel lugar, pero sí que era la primera vez que íbamos sin que Kike tuviera que sacar su carnet de conducir falso para demostrar que había un mayor de edad en el grupo.

Con nuestra bebida favorita servida (un cóctel con forma de volcán gigante que compartíamos los tres) y varios *snacks* y sándwiches pequeños de picoteo, comenzó lo que para mis adentros denominé el «plan azulado». Lo sé, era un nombre absurdo. Doy gracias por que Leti bautizara mis primeros experimentos en redes.

Saqué el móvil para comprobar que todo iba según lo previsto. En poco menos de una hora fingiría un dolor de estómago y me iría directo a Lavapiés. Guardé el móvil y, nervioso, me metí un buen puñado de frutos secos en la boca.

—Empiezas a llevar mal lo de entrar en sitios que no tengan cobertura, ¿eh? —me dijo Kike con un tono que no supe si rozaba el vacile o la provocación.

—¿Cómo? —contesté confundido.

—¿No estabas mirando Instagram?

Podría haberle dicho que estaba mirando la hora, pero entonces me habría preguntado que si tenía prisa por irme a algún sitio y mi plan se habría ido al garete.

—Ah... Sí, bueno... He subido hace un rato el último experimento y quería... —me detuve unos segundos en pensar alguna frase que escuché decir a los amigos de Carly—. Quería ver qué tal está funcionando.

—¿Qué tal con Carly? —me preguntó Leti.

—Bien. Bueno, le enseñé el vídeo del gel magnético, pero no le terminaba de encajar —contesté refiriéndome al acuerdo al que llegamos.

—Y... ¿solo hablasteis de colaboraciones y cosas de *influencers*? —preguntó Kike alzando la ceja.

Que aquella noche Kike estaba un poco quisquilloso conmigo era un hecho. Quizá por cómo terminamos la última vez que nos vimos, quizá porque no le gustaba el mundo de los *influencers* y se divertía vacilándome. Pero sí que notaba en sus palabras una intención más por discutir que por tomarme el pelo.

—¿Por qué no me preguntas directamente si me he liado con ella? —le solté tajante.

—¿Lo has hecho? —preguntó Leti sorprendida.

—¡No! —contesté ofendido—. Solo somos amigos. Nos llevamos bien y punto. No...

—Joder, Nino, pero si te devora con la mirada —me interrumpió Kike—. Te tira más la caña que un pescador a un banco de peces.

Y tenía toda la razón del mundo. Es más, cuando me bebí las últimas gotas de la poción, *Él* no solo tenía la intención de hablar de negocios... Pero resultaba que para asuntos de Don Juan me hacía falta una dosis más fuerte.

Suspiré frustrado al pensar en ello.

Conseguí desviar la conversación hacia Islandia y todo el papeleo que Kike tenía que preparar para el viaje. Nos contó más cosas que había visto por internet, así como los pueblos que quería visitar cuando tuviera tiempo, porque él, al igual que el ochenta por ciento de los islandeses, viviría en Reikiavik, la capital del país.

Y entre unas cosas y otras, llegó la hora de sacar al actor que llevaba dentro y fingir mi malestar. Para mi fortuna, los dos estaban muy cómodos y sin ninguna intención de abandonar el local. A pesar de que insistieron en acompañarme, conseguí convencerlos de que se quedaran.

—Es solo un empacho de frutos secos —fingí con voz dolorida—. Solo necesito beberme una manzanilla y tumbarme un ratito. Estaré bien, de verdad.

Para asegurarme de que se quedaban allí, pagué mi parte del cóctel y los invité a una segunda ronda antes de marcharme hacia el barrio de Lavapiés.

No sabía a qué hora empezaban a salir los camellos y la gente del mundo de las drogas. Por las películas que había visto, siempre frecuentaban la noche; sin embargo, aunque el sol ya se había ido, el reloj no marcaba aún las once y las calles madrileñas estaban bastante transitadas. «¡Pero habrá gente que no pueda comprar la droga por la noche y tenga que hacerlo a otras horas!», pensé.

Mentiría si dijera que encontré la calle a la primera. No hace falta recordarte que la noche de mi graduación me pasé con la bebida. No tuve lagunas mentales, pero mi memoria fotográfica sí que se apagó un poco y aquello, sin duda, afectó a la percepción que tenía de la ubicación de la calle. Pero, después de varios paseos disimulados, reconocí la farola bajo la que tuve el encuentro con el hombre misterioso.

Me tomé unos segundos para estudiar bien la zona y quedarme con el nombre de la calle de cara a posibles futuras visitas. La pequeña callejuela estaba apartada del bullicio del barrio y, quitando un par de establecimientos que aún estaban abiertos, el resto de comercios estaban cerrados (algunos de ellos, permanentemente). Los escasos portales de viviendas daban un aspecto lúgubre y antiguo a la calle. Precisamente, la fachada que se encontraba enfrente de donde estaba tenía todas sus ventanas tapiadas con maderas para evitar los posibles asentamientos okupas.

—¿Qué buscas, amigo?

Una voz de acento extranjero me habló desde el interior del abandonado inmueble. No conseguía ver a nadie, pero me sentí observado. Como si aquel edificio, a pesar de estar completamente tapiado, tuviera vida. ¿Conocería aquel hombre al hombre misterioso?

—Yo...

Pero ¿qué estaba haciendo allí? ¡Aquello era de locos! Dios mío..., ¡si me hubieran visto mis padres! Su hijo, el sobresaliente Avelino, buscando por las calles de Lavapiés a un árabe para comprarle unos pétalos mágico-alucinógenos. O, llamémosla por su nombre, una sustancia estupefaciente. Me imaginé a mi abuela santiguarse al verme de aquella manera.

—Así que... te encontró.

Me giré de inmediato al reconocer la voz que venía de mi espalda. Seguía luciendo el mismo aspecto: turbante negro, vaqueros y zapatillas rotas y una sudadera abierta que dejaba ver su viejo y arrugado pecho.

—¿Lo usaste bien, genio? —me preguntó, mostrando su sonrisa de dientes torcidos.

—Necesito más —dije con la voz temblorosa.

Quería irme de allí cuanto antes, así que no me anduve por las ramas y fui directo al grano. El hombre misterioso estalló en una carcajada.

—¿Y por qué debería darte más? —me dijo acercándose hasta donde estaba. Su hedor corporal volvió a inundarme los pulmones.

Un escalofrío recorrió todo mi cuerpo. ¡Quería salir corriendo de aquel lugar! Pero entonces pensé en la poción, en mi experimento, en la cantidad de cosas que aún tenía que investigar. ¡No me iba a dejar intimidar por aquel caballero tan peculiar! Había venido con un objetivo y pensaba cumplirlo.

Se quedó a unos centímetros, estudiándome. Me pareció incluso que me estaba ¿olfateando? Comenzó entonces a dar vueltas a mi alrededor, como un buitre en busca de carroña.

—No —sentenció.

—No... ¿qué? —pregunté confundido y tembloroso.

—No hay más.

¡No me lo podía creer! ¿No había más? ¿O no quería darme más? Si no conseguía más pétalos, entonces..., ¿cómo iba a hacer más poción? ¿Dejaría de ser valiente? Si todos los vídeos y mi crecimiento en redes se debían a *Él*, ¿qué pasaría si dejaba de tomar el brebaje? ¿Podría seguir solo?

—Aún tienes miedo —me dijo sonriente, como si una voz que yo no escuchaba le estuviera contando cosas a aquel hombre—. Tienes miedo... de ti.

Me quedé callado. No sabía qué hacer, ni qué decir. ¿Quién era aquel tipo? ¿Cómo podía conocer mis miedos? ¿Estaba conectado de alguna forma a la flor? ¿Qué clase de magia era aquella? Por primera vez en mi vida, sentí que no había razonamiento alguno para lo que estaba viviendo.

Se masajeó las sienes mientras sus párpados se cerraban y comenzó a susurrar unas palabras en lo que deduje que era árabe. Parecía estar rezando y, a la vez, reflexionando.

—Esta será la última vez que nos veamos —dijo después de un largo silencio—. Y será la última flor que te dé —me dijo mientras posaba en mis manos una pieza completa de loto azul—. *Ella*... confía en ti. Te sigue buscando.

El hombre se llevó una mano a la frente, como si le viniera una migraña.

—¿Quién es *Ella*? No hace más que hablar de esto como si fuera una persona y...

—Pero tengo que advertirte, genio. Hay algo más —me interrumpió—. Algo malo. Energía mala. No sé lo que has hecho, pero la única forma que tienes de deshacerlo es... con esto —me dijo mientras volvía a señalar la flor de loto—. La vida es muerte; y la muerte es vida. Lo mismo que hace, deshace.

Estudié la flor que me había dado. Esta vez no estaba en ninguna bolsita. Era una flor completa con sus pétalos, parte de su tallo, pistilo... ¿Por qué me la daba de aquella forma? Sentí de nuevo un escalofrío por todo mi cuerpo, pero esta vez no era por culpa de la presencia de aquel hombre. No fue miedo lo que sentí, sino... emoción. Sonreí.

—No sonrías. Aún no has ganado —me advirtió—. Ten cuidado, genio.

El hombre misterioso volvió a ser engullido por la oscuridad. Ojalá me hubiera tomado más en serio aquellas palabras de advertencia, pero cuando volví a mirar la flor que tenía en mi mano sonreí. ¡Podía volver a desarrollar el compuesto! Con un poco de suerte hasta podría sacar semillas de ella para cultivar más en casa...

Me marché de ahí tan rápido como pude, presa de la adrenalina del momento. ¡Lo había conseguido! ¡Tenía la flor en mi poder! Pero debía ser extremadamente meticuloso con las porciones que iba a utilizar. Aquella podía ser la última flor, así que tenía que repartirla para generar la mayor cantidad de compuesto posible. Tampoco iba a estar bebiendo aquello toda la vida, ¿no? Lo consumiría de manera puntual, para determinados momentos en los que me bloqueara. Como con Carly el otro día, por ejemplo. *Sí...*, tenía que aprender a controlarlo, a hacer que *Él* apareciera solo en situaciones extremas. Así mi cuerpo se acostumbraría a la valentía y, con el paso del tiempo, no necesitaría el compuesto, ¿no? Como el alérgico que acaba acostumbrándose a lo que le da reacción y su cuerpo, en cierto modo, se inmuniza frente a ello.

Desbloqueé el móvil para ver la hora. No daban las doce. ¡Todo había salido según lo previsto! Mis amigos, posiblemente, seguirían en el bar y mis padres no esperaban que llegara a casa antes de medianoche. Me percaté entonces de la cantidad de notificaciones que tenía. Con todas las emociones de la noche, se me había pasado por completo ver cómo estaba funcionando el vídeo del gel magnético.

¡Qué barbaridad! Ni la propia aplicación era capaz de decirme el número exacto de *likes* y comentarios que había recibido.

¡Brillante!

Me flipa este tío.

Adiós a los imanes cutres de nevera.

¡Sos un mago!

Muchos otros usuarios se limitaban a mencionar a otras personas para que vieran el experimento. ¡Incluso uno de ellos decía: Mira @karbajo, este es el tío del que te hablaba el otro día! Eso solo significaba que... ¡se hablaba de mis experimentos más allá de las redes! Me puse a leer todos los comentarios, darles *like* y contestar con agradecimiento las buenas palabras. Contabilicé un total de veintidós comentarios, más de mil *likes* y más de... ¿¡cinco mil reproducciones!? Estaba abrumado. ¿Más de cinco mil personas habían visto aquel experimento? Bueno, imagino que muchas reproducciones serían del mismo dispositivo por el efecto bucle que tenía Instagram, pero... me impactaba igual.

¿Aquello era lo que sentía Carly cada vez que colgaba algo? Por curiosidad me metí en su perfil para ver las reproducciones que tenía. Vídeos con más de medio millón de visualizaciones, treinta mil *likes*, centenas de comentarios... ¡Y yo emocionado con mis números!

Sacudí la cabeza. ¿Sentiría una sensación parecida aquella gente? Es decir, @MaximoosLife, por ejemplo, con millones de reproducciones, *likes*, comentarios... ¿Qué haría? ¡Es imposible que pueda leer todo!

Unas risas que reconocí de inmediato me sacaron del mundo virtual e hicieron que me pusiera alerta.

—¡Mierda! Son Kike y Leti —susurré.

En un abrir y cerrar de ojos me escondí en un portal. Por suerte, los cócteles habían hecho su efecto y estaban tan absortos en su mundo que no me vieron. Por si acaso, les di la espalda, haciendo como si estuviera esperando a que me abrieran el portal. Pasaron por delante de mí sin percatarse de mi presencia. Más risas, más charlas animadas, más... ¿caricias?

Los observé de nuevo, agazapado en aquel portal. Los dos caminaban abrazados, compartiendo gestos demasiado afectivos para ser solo un par de amigos. ¿Qué estaba pasando? Pronto obtuve la respuesta.

Cuando Kike detuvo el paso y agarró a Leti por la cintura, el corazón me dio un vuelco al ver cómo mis dos mejores amigos se fundían en un apasionado beso bajo las luces de la noche veraniega de Madrid.

2,3 mil seguidores

La ciencia es sincera.
Por eso me gusta más
que algunas personas.

El gorgoteo del agua hirviendo en el matraz de laboratorio. Los pequeños hilos de color azul que iban tiñendo el líquido. El fresco aroma de la flor que se mezclaba con el desagradable olor del metal. Concentré mis cinco sentidos en el experimento que estaba llevando a cabo para obtener una dosis más del brebaje al que me había enganchado.

Aquello era lo único que conseguía mantenerme alejado de la imagen de Leti y Kike besándose. ¿De verdad eran ellos? Claro que sí. Lo comprobé siguiéndolos un rato más, a hurtadillas, cuando salí del estado de *shock* en el que me dejaron. Aquello fue lo más parecido a sentir miles de dardos de hielo atravesando por completo mi pecho, mi estómago, mis tripas..., mi corazón.

Dolía. ¿Por qué me dolía? Eran mis mejores amigos, ¿no? Debía alegrarme por ellos. Que Kike y Leti tuvieran una relación era positivo porque así el grupo se mantendría unido a pesar de que él se fuera a Islandia y ella empezara la universidad. Pero... ¿dónde me dejaba a mí todo aquello? ¿En qué lugar? ¿En el rol de sujetavelas? ¿Me marginarían?

Alguien llamó a la puerta de mi habitación.

—¡Estoy ocupado! —contesté sin desviar la atención del laboratorio.

Abrieron la puerta igualmente.

—Perdona, hijo. ¿Vas a ir a algún sitio esta noche?

Suspiré. Me armé de paciencia y me giré para ver a mi padre bajo el marco de la puerta.

—No, papá. No lo sé.

—Tu madre y yo queríamos salir a cenar. Por no dejar a tu abuela sola.

—Vale, no te preocupes —contesté mientras me giraba y volvía a mi experimento—. Pasadlo bien. Y cierra otra vez la puerta, por favor.

Una parte de mí agradeció no estar en aquel momento bajo los efectos de la pócima porque, como ya sabes, no había cosa que me pusiera más nervioso que que me molestaran mientras trabajaba. ¡Y encima me tocaba quedarme en casa haciendo de niñero! Bueno, tampoco es que cuidar de mi abuela fuese algo dramático y complicado. Ya tenía cierta edad y a todos nos daba un poco de respeto dejarla sola por las noches porque comenzaba a desorientarse un poco cuando la luz del sol desaparecía. Cosas muy sutiles, como preguntar dónde está la sal o llamar por teléfono a alguna amiga creyendo que era más temprano. Incluso hubo una vez que fue a comprar el pan a toda prisa porque decía que le iban a cerrar la panadería. Leti me vino a la cabeza con aquel recuerdo porque justo estuvo aquel día en casa; pasamos una estupenda noche viendo una peli y comiendo pizza.

Volví a ver su sonrisa, escuchar sus carcajadas, sentir su mano sobre mi nuca erizándome los pelos de la piel...

De repente, todos aquellos bonitos recuerdos se emponzoñaban con un beso en mitad de una sucia calle de Madrid al amparo de una farola rodeada de polillas y demás insectos. Así me sentía yo: como un maldito insecto, testigo del secreto que mantenían a mis espaldas. De Kike podía entender que fuera más reticente a contármelo por lo reservado que era, pero... ¿de ella? ¡Nos contábamos todo! ¿Acaso le daba vergüenza decírmelo?

No podía pensar en aquello. Sacudí mi cabeza como si el pensamiento fuera una mosca molesta que no dejaba de intentar metérseme en el oído y volví a centrar toda mi atención en el experimento. Miré el reloj. La primera dosis ya estaba lista para ser testada.

Abrí la pequeña nevera que tenía debajo de mi escritorio y agarré la probeta que guardaba 100 mililitros de la poción. Tomé el gotero y dejé caer por mi garganta cinco gotas azules. Sentí el amargor de la sustancia y una sensación fría que, poco a poco, se fue transformando en un agradable calor que recorría mi esófago. Beber aquello era lo más parecido a ingerir un chupito de tequila a palo seco. Activé el cronómetro de mi *smartwatch* y, mientras hacía efecto, me puse a diseccionar el interior de la flor para sacar las posibles semillas y cultivar la planta por mi cuenta. No es que hubiera muchas: solo cinco pepitas marrones y redondas que por su tacto parecían piedras.

La jardinería no era lo mío. Para empezar, porque vivía en un piso y ahí poco jardín había. Sin embargo, el cultivo de la flor de loto se alejaba bastante de lo convencional porque las dichosas semillas tienen una cáscara tan dura que evitan su germinación. Así que, según un vídeo de YouTube, tenía que lijar un poco las semillas, ponerlas en un bote con agua y esperar unos días para ver si salía el tallo. Dejé el tarro al lado de la ventana y me quedé absorto durante unos minutos contemplando el exterior.

El móvil vibró, avisándome de una notificación de Leti.

¿Qué tal te encuentras?

—De maravilla, Leti —farfullé en alto con ironía—. De maravilla...

Tiré el móvil en mi cama y volví a mirar por la ventana. Los colores naranjas del cielo anunciaban la inminente llegada del atardecer. Pude observar algunos pájaros que volaban sin rumbo fijo. ¿Qué hora sería? Miré mi reloj. El cronómetro marcaba diez minutos y aún no sentía nada. Las veces anteriores apareció más rápido, pero la dosis nueva era más reducida. ¿Sería cuestión de tiempo o de cantidad?

Suspiré. Regresé a mi cama y agarré el móvil que había tirado con desagrado. ¿Debía contestarla? No, no me apetecía. No quería hablar con ella. Me haría el digno para que se diera cuenta de que estaba enfadado. Pero... ¡tenía que decirles en algún momento que los había pillado! ¡Que sabía que estaban liados!

La pantalla del móvil se apagó por el bloqueo automático y, al ver mi rostro reflejado, *Él* apareció. Lo hizo sonriente, como el lobo que era. Sentí su voz vibrar en mi pecho.

Olvídate de ellos.

Me incorporé de golpe y fui directo al cajón del escritorio donde guardaba el pequeño espejo que rompí con mis nudillos. Las piezas que faltaban no me permitían ver mi rostro completo. Solo conseguí colocar los trozos más grandes con un poco de celo, pero era suficiente para ver más de la mitad de mi cara.

—Pensé que no te volvería a ver —confesé aliviado.

Una pícara sonrisa emergió de la comisura de sus labios.

Olvídate.

—No entiendo por qué no me han dicho nada...

¿No? A ellos les puedes engañar, pero a mí no. Olvídate. Olvídate de ella y llama a Carly.

Me empecé a reír de forma incrédula.

—Esto es una locura...

No te resistas, Nino. Déjame salir.

—¡No! ¡Tengo que resistirme porque como me descuide...!

¿Qué? ¿¡Qué!? ¿Te he perjudicado en algo? ¡Estoy aquí por ti! ¡Para ayudarte!

Me quedé callado durante unos segundos, meditando sobre la situación. Cuando me dejaba llevar por *Él*, perdía el control. Sin embargo, la dosis era tan suave que podía dominarle. Aquello era justo lo que buscaba.

Escribe a Carly. Céntrate en ella. Olvídate del resto.

Y eso hice. No me resistí a la voz de mi interior y mandé un mensaje a Carly de inmediato para ver si tenía plan aquella noche. Le propuse vernos para hablar de algunos experimentos que quería hacer, se lo comentaría en persona y así podría priorizar los que más le interesaran. Para mi fortuna, la famosa @Carly_Amaretto tenía la noche libre, pero su intención era quedarse tranquila en casa, así que me propuso ir allí, pedir comida a domicilio, hablar de negocios y después ponernos alguna película.

Ambos sabíamos lo que aquellos mensajes escondían, más aún cuando los emojis con cara pícara que nos enviábamos subrayaban las intenciones del encuentro. Me di una ducha rápida, me acicalé lo mejor que pude (¡hasta me puse una camisa formal y todo!) y, justo cuando estaba a punto de salir por la puerta de casa, mi padre me detuvo.

—¿No decías que no ibas a ningún lado?

«Mierda. Mi abuela», pensé.

—Me ha surgido algo... importante y...

—Nino, te he preguntado hace una hora que si ibas a ir a algún lado y me has dicho que no. Tu madre y yo nos hemos organizado para salir a cenar y...

—Bueno, no voy a tardar mucho.

—Nino —dijo papá en un tono tajante—, tu abuela no se puede quedar sola.

—Joder, papá, no va a pasar nada porque no esté durante una hora —me encaré alzando la voz.

—A mí no me hables con ese tono —me advirtió.

—¿Qué ocurre? ¿Por qué gritáis? —preguntó mi abuela, que salía del salón al haber oído la conversación—. Estáis discutiendo por mí, ¿verdad? No te preocupes, mi vida —me dijo—, me las apaño bien sola. Y tú y mi hija también os podéis ir tranquilos. ¡Soy vieja, no senil!

—¿Ves? —insistí mientras abría la puerta de casa.

—Nino —continuó mi padre, armándose de paciencia para no perder los estribos—, te pido, por favor, que te quedes aquí hasta que volvamos tu madre y yo. Luego, si quieres, te dejo que vayas a pasar la noche con quien quiera que sea.

—¿Qué te hace pensar que quiero pasar la noche fuera?

—Nino, mi vida, que cuando uno se echa litros de perfume... es por algo —rio mi abuela—. ¡Pero aquí nadie va a retener a nadie! Vete con tu novia, novio o lo que tengas. Y tú, yerno, coge a tu santa esposa y marchaos a cenar. ¡Y a un hotel si queréis! No sabéis la ilusión que me hace tener la casa para mí sola una noche entera.

Miré a papá con una sonrisa que a él no le hizo ni pizca de gracia y me despedí prometiendo que no tardaría más de dos horas en volver. Teniendo en cuenta que ellos se iban a cenar en poco menos de una hora, mi abuela se quedaría sola durante un rato en el que no le pasaría nada. ¡Otro plan perfecto!

Para no perder ni un segundo, utilicé una de las bicicletas públicas del ayuntamiento. La última vez que fui a casa de Carly, vi que había una estación de bicis, así que utilicé mi tarjeta para alquilar una de ellas y puse rumbo a la zona norte de la ciudad.

En menos de veinte minutos estaba tocando el timbre del ático de la *influencer*. Cuando me abrió la puerta de su casa, me sonrojé al ver que ella no se había arreglado. Lucía un chandal muy mono, pero yo... ¡me había puesto camisa y colonia!

—¡Vaya! ¡Qué guapo! —confesó mientras me daba dos besos.

—Uno no sabe cuándo va a aparecer en el Instagram de una persona famosa —me excusé intentando salir airoso del asunto.

Me ofreció algo de beber y salimos a su terraza con dos tintos de verano y unos frutos secos como acompañamiento. ¡Qué diferente se veía aquella terraza sin el bullicio de la barbacoa! Parecía más grande al tener los muebles recogidos, mientras que el *chill out* que coronaba una de las esquinas destacaba por el coqueto espacio que creaba: un par de grandes y mullidos cojines sobre unos palés que ejercían de sofá, una discreta mesilla de café adornada por cándidas velas y un camino de tela se situaban en el centro del conjunto; todo ello estaba refugiado bajo unas telas que parecían de seda, sostenidas por cuatro vigas de madera envueltas por tenues bombillas que daban un ambiente íntimo al rincón. De fondo, sonaba una lista de temas *country* muy suaves.

—Ponte cómodo —me dijo.

—Como me ponga muy cómodo, me quedo dormido —bromeé—. ¡Qué terraza más bonita! Me gusta mucho más así que con...

—¿Gente?

Sonreí y alcé mi vaso para brindar con el suyo.

—Me encanta el verano por este *chill out*. No sabes la cantidad de horas que paso aquí. Sobre todo por la noche. ¡Me relaja un montón!

—No me extraña. Es muy íntimo. ¡Y lo tienes decorado todo con muy buen gusto!

—¡Gracias! —me sonrió mientras daba otro trago a su bebida.

Después, se relamió de una forma tan sutil como provocativa y se llevó a la boca un par de kikos.

—Bueno, tú dirás.

Empecé a explicarle los experimentos que tenía pensado registrar en mis siguientes vídeos. El primero era un repelente de mosquitos casero, muy oportuno para el sofocante calor que estábamos viviendo. El segundo era un truco muy simple para quitar los típicos restos de pegamento de las etiquetas que se quedan en cualquier objeto: usar un paño con unas gotas de aceite de oliva. El último era el menos práctico pero el más espectacular: se trataba de una pompa de caramelo rellena de vapor que, al comértela, conseguía que expulsaras el vaho de forma contundente por la nariz.

—¿Una pompa de caramelo? ¿También haces cocina molecular? —me preguntó sorprendida.

—Bueno, la cocina molecular es pura química. Los chefs especializados en este tipo de platos juegan con las reacciones químicas en la comida para provocar texturas, efectos... —expliqué—. Es más espectacular que otra cosa.

—Y lo espectacular vende —sentenció ella—. Cuanto más vistoso sea lo que hagas, más crecerás. Pero dime una cosa: ¿cómo leches puedo hacer yo una pompa de caramelo rellena de vapor?

Me reí porque era algo que no se podía hacer con utensilios de cocina. Así que le dije que, si quería, me acompañara cuando lo fuera a grabar y le hacía su pompa.

—¿Y qué te parece si ese vídeo lo grabamos juntos? —propuso mientras miraba su móvil—. Déjame ver qué estilo le puede encajar más...

Carly empezó a enseñarme varios vídeos de TikTok en los que la gente hacía retos, se mudaban de ropa, cambiaban la decoración de las habitaciones... Todo ello en cuestión de segundos y con el mismo tema musical de fondo. ¿Carly quería hacer esas cosas conmigo?

—Sigo sin saber qué te aporto yo en todo esto —confesé más para mí mismo.

—Nino..., ¿has visto cuántos seguidores tienes ya? ¿Has visto cuántas visualizaciones tiene tu reto de la pintura? —Hasta aquel momento no me había molestado en mirar los números de mi primera publicación viral—. Créeme, eres una inversión. Meterte en la agencia se ha convertido en un reto personal.

—Espera, espera..., ¿de qué estás hablando?

Carly volvió a mirarme con sus ojos felinos de color ámbar y fue recortando la distancia entre nosotros. Me daba la sensación de que, mientras que aquellos momentos me asustaban, a ella mi reacción le provocaba excitación.

—Lo que le dije el otro día a Raquel iba completamente en serio: vas a acabar formando parte de LiveDreams —continuó—. Vas a compartir agencia con @DohnCaoreo, @Trufitos, @MaximoosLife y... —hizo una pausa antes de relamerse—. @Carly_Amaretto.

Tragué saliva. Volví a ser presa de los nervios y comencé a sentir cómo el sudor me recorría la frente. ¿Dónde estaba *Él* cuando le necesitaba? ¡No podía hacer aquello yo solo!

—Hace... mucho calor, ¿no? —pregunté, alejándome un poco para dar un buen trago a mi tinto de verano.

—Estás sudando como un pollito —se rio ella—. Tranquilo, Nino. Relájate.

Sí, relájate.

Escuchar su voz me tranquilizó, pero necesitaba ver mi reflejo para cederle el testigo. Necesitaba un espejo o...

—Creo... —dije tembloroso—. Creo que deberíamos inmortalizar este momento —dije sacando el móvil—. No para las redes, ¿eh? Para nosotros.

—¿Tú has visto las pintas que llevo? —se rio de nuevo.

—Estás estupenda —sentencié—. Déjame demostrártelo.

Alcé el móvil delante de nosotros para hacernos un selfi y, en cuanto vi mi rostro, *Él* tomó el control de la situación.

—*¿Ves?* —le dije acercándome un par de centímetros a ella—. *Estás preciosa.*

Carly me sonrió y me acarició una mejilla. Yo solté el móvil y jugué con uno de sus mechones violeta. Nos observamos los dos en silencio durante unos segundos intentando comunicarnos con nuestros gestos, miradas y el escueto espacio que había entre nosotros.

—Ahí está —me susurró—. Ahí está el Nino que me vuelve loca.

Fue ella quien recortó la distancia y acercó sus labios a los míos. Nuestras bocas se juntaron en un apasionado beso en el que las lenguas parecían estar echando un pulso. La atracción y tensión que se llevaba tiempo generando entre nosotros explotó como un espectáculo pirotécnico.

Y como mi raciocinio, al fin y al cabo, estaba completamente dominado por mi lado más animal e instintivo, me despreocupé de mirar la hora y me centré más en descubrir cada rincón del cuerpo de Carly. Y dejé que ella hiciera lo mismo conmigo.

Al día siguiente, cuando mis padres me echaron la bronca del siglo por no haber vuelto a dormir a casa, sufriría el momento más bochornoso de mi vida cuando les confesé que si me había olvidado de la abuela era porque... aquella noche perdí la virginidad.

8,9 mil seguidores

Volver a empezar… ¿Otra vez?
¡No! ¡Empezamos nueva etapa!
#VidaUniversitaria

Julio se terminó y agosto se esfumó en un abrir y cerrar de ojos. Fue un verano que, salvo por la semana que me escapé con la familia a la Costa del Sol, pasé en mi ciudad. ¿Nadie te ha dicho nunca que el mejor mes para estar en Madrid es el de agosto? Vale, hace un calor infernal, pero está tranquila y mansa. Como si el gran oso del madroño, que atrae el bullicio y el frenético ritmo de vida madrileño, decidiera hibernar en los meses de verano para dar a la ciudad una calma que solo unos pocos sabíamos aprovechar. Y yo lo hice centrándome en nuevos experimentos, descubriendo las sorpresas que me deparó mi crecimiento en redes y, por supuesto, pasando tiempo con Carly.

Los trucos caseros que hacía para cosas cotidianas funcionaban bastante bien, pero no tenía punto de comparación cuando optaba por un contenido más visual y espectacular. La colaboración que hice con Carly funcionó tan bien que varios chefs subieron a sus redes una versión de la pompa de caramelo rellena de vapor. Mucho más *top* que la nuestra, claro.

Pero, con el aumento de presencia en redes, empezaron a llegar las primeras burlas. Varios *influencers* que parodiaban el contenido que se hacía viral no dudaron en hacer la pompa de caramelo a su manera, con una clara intención de ridiculizarnos.

—Ve acostumbrándote —me advirtió Carly.

La sorpresa del verano fueron los tres *emails* que recibí de algunas marcas para colaborar conmigo. ¡Me sorprendió lo fortuito que era todo aquello!

El primero me hizo mucha ilusión porque fue la invitación a la *première* de una película que tenía muchas ganas de ver. ¡Nunca había ido a ninguna! El evento no solo consistía en la proyección; luego había un cóctel con bebidas y canapés, nos regalaron *merchandising*... Todo decorado con carteles gigantes y fondos en los que se apreciaba el *hashtag* de la película, así como su fecha de estreno. Y, obviamente, estaba lleno de gente pegada a un móvil que, deduje, serían conocidos en redes.

El segundo *mail* fue bastante... inquietante.

¡Hola!

Mi nombre es Marla. ¡Un placer e-saludarte! En Calor y Color tenemos muy claro que la tecnología es el futuro. Nos encantaría poder enviarte nuestro termostato inteligente compatible con Alexa, Google y HomeKit. En este enlace te dejo toda la información. ¡Seguro que te encantará! Es un producto valorado en 175€ y nos encantaría regalártelo para que lo compartas en tus redes sociales. ¡Nos encantaría que nos mencionaras en Instagram y aninaras a tus seguidores a modernizar su casa! Supone un ahorro en las facturas y además... ¡es muy divertido!

¿Por qué me quería regalar un termostato aquella señora? No supe ni qué contestarle. Además, en casa teníamos calefacción central, ¿cómo iba a utilizar yo aquello? En cuanto se lo conté a Carly me repitió lo mismo:

—Acostúmbrate. No te haces una idea de la cantidad de propuestas locas que vas a recibir. A mí una vez me quisieron mandar un juego de cuchillos para cocinar y cortar carne. ¡Carne! ¡A mí, que soy vegana! La gente no se preocupa por saber qué haces o quién eres. Solo ven tus números y te mandan la propuesta, a ver si suena la flauta.

Sin embargo, el tercer y último *mail* se convirtió en la llave para que Carly pudiera hablar con Raquel y meterme en la famosa agencia de representación.

¡Hola, Nino!

¿Qué tal estás? Me presento. Soy Aurora y formo parte del equipo Lexter España, una agencia de comunicación que trabaja con grandes marcas. Nos ha salido una acción con El Corte Inglés para la vuelta al cole y estamos buscando perfiles de divulgación científica como el tuyo. La acción sería grabar 3 Instagram Stories y la posibilidad de una *reel*. Si estás interesado, no dudes en contactarme con las dudas que tengas, así como tu *fee*.

Resultaba que el *fee* significaba el precio que tenía por cada publicación. Vamos, que me estaban pidiendo presu-

puesto para promocionar algo en mis redes. Jamás se m
va a olvidar el agobio instantáneo que me entró. ¿Cóm
se hacía aquello? No tenía ni idea de cuánto podía cobra
alguien por subir una historia de Instagram. ¿Qué preci
podía poner a algo que me llevaba grabar quince segun
dos? Imaginé que el vídeo largo era otro asunto, pero aún
así... ¡Y no hablemos de todo lo relacionado con el mund
facturas! ¿Cómo leches se hacía una factura? ¿Qué tenía
que hacer? En el instituto me habían enseñado mucha
cosas, pero nadie me había explicado lo que tenía que ha
cer en aquellas situaciones tan básicas.

—Nino, ¡relax! —me dijo Carly en cuanto llamé po
teléfono atacado de los nervios—. Vas a tener que hacer
te autónomo.

—¿¡QUÉ!? —grité aterrado.

—A ver..., si quieres empezar a tener ingresos de esto
es lo que toca, pero no te preocupes —prosiguió inten-
tando tranquilizarme—. Voy a hablar con Raquel y te
cuento, ¿vale? A ver si te puede echar un cable.

No sé si fue por insistencia de Carly o porque, verda-
deramente, vieron en mis redes cierto potencial, pero
Raquel me ofreció formar parte de LiveDreams y conver-
tirse en mi representante.

—De momento, no vamos a hacer esperar a los de
Lexter, que son una agencia de publi gorda —me dijo por
teléfono—. Contesta al *mail* poniéndome a mí en copia y
así te cojo el relevo para negociarte la campaña. Hemos
trabajado más veces con ellos, así que ya sé de qué pie
cojean para pelearte un buen presu. En el momento en el

que mandes esta respuesta, olvídate de ellos, ¿vale? Me encargo yo de todo. No hace falta que les contestes a los futuros *mails*.

Raquel consiguió que me pagaran ochenta euros por cada *story*. La *reel* no salió adelante porque, según ella, pedían un precio muy bajo que no compensaba con la cantidad de visualizaciones que tenía. Pero en aquel momento me daba igual.

No te puedes hacer una idea de lo emocionado e impactado que estaba. ¡Iba a ganar 240 euros solo por grabar tres *stories*! Ni siquiera tenía que publicarlos a la vez. Los repartí en tres días en los que animaba a la gente a presentarse a un concurso para la vuelta al cole, acompañado del *hashtag* de la campaña y la mención pertinente a la cuenta de la marca. Tardé menos de cinco minutos en tener el material grabado.

Firmar con LiveDreams implicaba que Raquel se llevara el 20 % de lo que ganara, pero no se limitaba a negociarme acciones como aquella, también me metió en la base de datos de la agencia y me presentaba a otras campañas en las que podía encajar. Me dieron una cuenta de correo propia para gestionar todo a través de esta y, además, un regalo de bienvenida que incluía una camiseta de la agencia, una funda para el móvil y una cena en cualquiera de los locales con los que colaboraba LiveDreams.

—A medida que vayas creciendo, te contactará más gente. Te aconsejo que el único correo de contacto que hagas público sea el que te hemos hecho —me dijo Raquel—. Esos *mails* también me llegan a mí y, por tanto, no hace falta que contestes; ya me encargaría yo. Y créeme, te vas a ahorrar la criba de propuestas locas que te van a llegar...

Y llegaron. Del mismo modo que también llegaron más eventos, preestrenos, cócteles de inauguración... Lo que a finales de verano me parecía una locura se acabaría convirtiendo en algo habitual en mi día a día. Más aún cuando asistía a todos los jolgorios con Carly, claro.

La otra faceta de mi vida estaba más o menos calmada. Y digo más o menos porque mis nervios iban aumentando a medida que se acercaba el primer día de clase en la universidad. A mediados de septiembre daban comienzo las clases en la Facultad de Ciencias Químicas y eso implicaba nuevas rutinas, nuevas personas con las que compartir clase, nuevos profesores y... nuevas formas de lidiar con Marchetti.

Aquella mañana me levanté hecho un flan, pero, a pesar de que era un amasijo de nervios, decidí intentar enfrentarme a la universidad sin la ayuda de mi poción especial. Eso sí, llevé conmigo el frasco por si en algún momento me hacía falta una pequeña dosis.

Iba de camino por la Avenida Complutense cuando, de repente, alguien me llamó.

—¡Ey, Nino!

Puedes imaginarte la cara de sorpresa que se me quedó cuando vi que la persona que me había llamado por mi nombre (en vez de Pardillo) era el mismísimo Jorge Marchetti. Tuve la inmensa suerte de no verle el resto del verano después de la famosa barbacoa porque él siempre e iba a su casa de Mallorca de vacaciones con la familia. l moreno de playa que lucía orgulloso era la prueba de quello.

—¿Qué tal el verano? —noté en su voz cierto nervioismo.

—Bien —contesté sin dejar de andar—. Por lo que eo, tú has aprovechado los días de playa.

—Sí, bueno —dijo con un risa inquieta mientras se ascaba la cabeza—, Mallorca es lo que tiene.

No quería hablar con aquel ser que el universo había lecidido encasquetarme de por vida, así que continué el amino hacia la facultad en el más absoluto silencio. Sin mbargo, Marchetti no daba por perdida la conversación pude sentir que el tío que me había atemorizado en los últimos años de instituto me tenía... ¿miedo?

—Oye, me tienes que enseñar bien el truco del vídeo le los imanes —me pidió—. Que he intentado hacerlo ... ¡soy un desastre! Parece mentira que vaya a estudiar química, ¿verdad?

—Los imanes son más física que química, Marchetti —sentencié.

—Ah, ya... ¡Pues menos mal! —se rio—. Es el que más me ha costado. El resto me han salido bastante guay, a verdad. No sé si los has visto.

—No —contesté sin ocultar mi indiferencia.

¿Estaba disfrutando con aquello? Por supuesto.

—Claro, normal. Imagino que mucha gente te enviará sus experimentos. Mi prima me ha dicho que te va genial con Raquel y la agencia. Menuda pasada, ¿eh? Ya verás las fiestas que se pegan. ¡Son la leche! A la últim no pude ir, pero Carly me invitó a la anterior y estuv genial.

Así continuó todo el camino hasta que entramos en cla se. Se sentó a mi lado, claro. Marchetti no era tonto: le ate rraba estar solo y yo era la única persona que conocía. Ade más, era un químico con números en redes; por tanto, m estatus social había subido a ojos de aquel matón de colegi

Los descansos nos sirvieron para conocer a nuestro nuevos compañeros. Marchetti nos presentaba com compañeros del instituto y, por si fuera poco, fardaba d mis experimentos. ¿Cómo aquel tío podía ser tan hipócri ta? ¿Tan sinvergüenza? Seguro que a la mínima de cam bio me daría otra puñalada para quedar como el rey de l clase. Mi cabeza volvió a recordar las torturas que sufr en sus manos. Sentí cómo la cicatriz del cigarro me que maba, como si resurgiera de la nada. Tenía que relajarme Me estaba entrando la paranoia, me estaba bloqueando y Marchetti tomaba las riendas de cualquier conversación que empezábamos con nuestros nuevos compañeros. ¡M negué a dar el espectáculo el primer día! Así que...

Me excusé un momento para ir al servicio, me ence rré en uno de los baños y me tomé tres gotas del brebaje Respiré hondo. Me senté en el retrete y esperé unos minutos.

Cuando salí del cubículo fui directo al espejo. Volví a sentir los calores que anunciaban su llegada, aquel ardor de estómago. Cerré los ojos y, cuando los abrí, me encontré frente a aquel extraño que había dentro de mí.

—¿Te ha dado un apretón o qué?

Marchetti entró en el servicio y se puso en uno de los urinarios a vaciar su vejiga.

—Hay mucho friqui en clase, ¿no? —dijo mientras orinaba—. Aunque tampoco sé de qué me sorprendo... ¡Estoy haciendo un grado en Química!

Volví a mirarme en el espejo. ¿Qué podía hacer? ¿Estamparle la cabeza contra el azulejo? No, aquello no era una opción. No era buena idea manchar mi expediente el primer día. Pero, sin duda, aquel era el momento idóneo para hacer algo.

Marchetti terminó su tarea y vino silbando al lavamanos. Antes de que pudiera llegar, le empujé a uno de los baños que estaban abiertos y cerré la puerta.

—¿¡Qué haces, loco!? —me dijo tan confundido como yo.

Me remangué la camisa que llevaba para enseñarle la cicatriz que lucía por culpa del cigarro con el que me quemó meses atrás.

—¿Te acuerdas de esto? —le pregunté.

No contestó.

—¿No? ¿Ya se te ha olvidado? Me lo hiciste el último día del instituto. Me dijiste que era... —fingí una duda exagerada—. ¡Ah, sí! Tu regalito.

—¿A qué coño viene todo esto? —me dijo.

—Lo mismo podría preguntarte yo —le contesté—. ¿A qué viene este buen rollo tuyo? Fingiendo que somos amigos de toda la vida. ¿Qué quieres, Marchetti?

—Yo...

Se calló.

—¿Tú...? ¿Qué? Dímelo, en serio. Porque si lo que quieres es volver a joderme como lo has estado haciendo durante los dos últimos años de mi vida, ya te digo que te olvides. Me niego a pasar de nuevo por ese infierno. ¡Me niego! —le dije mientras le agarraba de la pechera cargado de rabia, empotrándole contra una de las paredes—. ¡No tienes ni idea del miedo que he sentido cada vez que entrabas por la puerta de clase! ¡No sabes lo que es querer salir el primero para no encontrarme con un monstruo! Porque eso es lo que eres, Jorge: un monstruo —continué, escupiendo cada una de mis palabras—. Y como se te ocurra hacerme algo parecido aquí...

... te parto los dedos.

No terminé la frase, pero me acordé de Kike aquella mañana en clase cuando me salvó de Marchetti y sus orangutanes. Y, de repente, fui consciente de que... ¡lo había hecho! ¡Había conseguido lo que hace unos meses me resultaba imposible! ¡Enfrentarme a Marchetti!

Y todo gracias a *Él*.

Pero *Él* no existiría si no fuera por mí.

Le solté de golpe, aún con la adrenalina en el cuerpo. Justo cuando iba a salir del baño, Marchetti me detuvo poniendo la mano en la puerta. Se quedó unos segundos callado, cabizbajo. No sabía si aquel rostro ocultaba rabia o...

—Lo siento.

... arrepentimiento.

Marchetti levantó despacio la cabeza y en sus ojos pude ver una aflicción real. Le dejé que continuara.

—Siento todo lo que te he hecho. Yo... —suspiró frustrado, como si no consiguiera decir lo que de verdad quería decir—. ¡Pero he cambiado! Te juro que... que he cambiado.

Sí, aquello fue una disculpa. Una mierda de disculpa. Marchetti tendría sus fantasmas, como todos. Pero hay cicatrices que cuesta sanar. Y la mía iba a costar cerrarla mucho más tiempo que un par de meses veraniegos.

—Pues si de verdad lo sientes, Marchetti, déjame en paz —le contesté con toda la frialdad del mundo—. No somos amigos, así que no hace falta que finjas comportarte como tal. Y si todo esto lo estás haciendo por tu prima..., no te preocupes, que no le voy a decir nada. Puedes estar tranquilo, que te seguirá invitando a sus fiestas.

Salí del baño. El corazón me iba a mil. La misma adrenalina que me hacía producir una montaña rusa. No pude evitar sonreír, triunfante. ¡Menudo peso me había quitado de encima! ¿Había hecho, de verdad, aquello? ¿Le había dicho a Marchetti cómo me había hecho sentir en el instituto? Reconozco que no me dio ninguna pena verle así, pero... mentiría si no dijera que me sorprendió. Ver a un Marchetti arrepentido, hundido y, en parte, humillado por una aplastante realidad que le cayó como un jarro de agua fría.

Suspiré aliviado. ¡No me pude sentir más dichoso! ¡Había sido valiente! Vale que en la barbacoa tuve mi momento, pero nada comparado con todo lo que le había dicho en aquel baño. Puse las cartas encima de la mesa. ¡Y qué bien sentaba!

De repente, tuve la necesidad de dar las gracias a aquel extraño que había despertado en mí. Así que antes de salir del servicio, me observé durante unos segundos en el espejo. Por primera vez, los dos compartíamos el mismo rostro triunfante. Él, con orgullo y soberbia. Yo, esperanzado y relajado.

Una notificación de WhatsApp me sacó de aquel trance.

¡Hola, chicos! Oye, como bien sabéis, en un par de semanas me marcho a Islandia y me gustaría hacer alguna cenita de despedida. ¿Qué tal tenéis este sábado? ¡Nino, cuéntanos qué tal tu primer día de clase! Que ya he visto por Instagram que empezabas hoy.

El mensaje era de Kike y lo puso en el grupo que teníamos junto con Leti. Me dio una punzada de rabia en el estómago porque, a pesar de saber que llevaban varios meses liados, ninguno de mis mejores amigos se había dignado todavía a decirme lo que estaba pasando entre ellos.

10,3 mil seguidores

¡Buen viaje, @KikeOlympus!

Ni Kike ni Leti estuvieron muy presentes aquel verano. Por un lado, porque ambos solían marcharse de vacaciones casi todo el mes de agosto con sus respectivas familias. Por otro, yo tampoco hice el amago de quedar con ellos después de haberlos descubierto besándose. Sí que intercambiamos varios mensajes por el grupo de WhatsApp que teníamos, pero eran conversaciones que no duraban más de cinco renglones.

¡Xicosss! ¿Qué tal va el veranito?
Nino, ¿sigues por Madrid?

¡Hola! Todo bien. Sí, aquí sigo: pasando calor.
¿Vosotros?

¡Me daré un chapuzón a tu salud!

Holaaa. ¡Por aquí todo bien! Cogiendo colorcito,
que el moreno me tiene que durar en
las frías tierras islandesas.

«Seguro que los muy cerdos están juntos en la misma playa y todo esto es un paripé», pensé en aquel momento.

Leti era la única que me escribía en privado para preguntarme por los experimentos, mi familia... y Carly. No quería contarle por WhatsApp lo que había pasado entre la *influencer* y yo (¡mucho menos que había perdido la virginidad con ella!), así que intentaba ser escueto con aquel tema y hablar de otras cosas.

Pero llegó septiembre. Y con él, la vuelta al «cole». Me propusieron quedar la primera semana, pero me excusé con los preparativos de la universidad y la campaña que me salió con El Corte Inglés. Así que no los vi hasta aquel sábado, el último fin de semana de Kike en España.

—Va a ir bien. No estés nervioso —me dijo Carly mientras me acariciaba el pelo—. Son tus mejores amigos. Parece mentira que...

—¡Eso mismo digo yo! —interrumpí—. Parece mentira que mis mejores amigos me estén ocultando que están liados.

—Bueno, tú tampoco les has contado lo nuestro, ¿no?

No, la verdad era que no les había dicho absolutamente nada. En parte, por orgullo y despecho. ¿Por qué iba yo a contarles lo que había pasado entre Carly y yo cuando ellos no se dignaban a confesarme su relación?

Así que asistí a aquella cena como si fuera una bomba de relojería que podía estallar en cualquier momento.

Como Leti nunca era puntual y siempre acabábamos esperándola quince o veinte minutos más de la hora acordada, decidí retrasarme un poco. No me apetecía estar a solas con ninguno de los dos. Llegué media hora más tarde y los dos estaban bebiéndose un par de cervezas.

—Disculpad, me he tenido que encargar de unas cosas de mi abuela —mentí.

—¡No te preocupes! —dijo Leti mientras me daba un abrazo—. ¡Cuánto tiempo!

—Con eso de que ahora eres *influencer*, no se te ve casi el pelo —me dijo Kike, vacilón, mientras me abrazaba y daba su habitual beso en el cogote—. Me alegra verte.

Pasaba algo. ¡Claro que pasaba algo! Los tres lo sabíamos porque los tres estábamos raros. Bueno, más bien ellos dos estaban raros conmigo y yo con ellos. Nos ocultábamos cosas, secretos. Y, después de tantos años de amistad, era muy difícil engañarnos y hacer como si nada. Así que la tensión era más que palpable en el ambiente.

—¿Cerveza? ¿Tinto de verano? Aunque ya se esté terminando el verano, pero...

—Cerveza está bien, gracias —dije mientras caminaba hacia el salón.

Kike vivía con sus padres en Bravo Murillo, una de las calles mejor situadas y valoradas de todo el barrio de Chamberí. Así que, sí: el piso era amplio, bonito y luminoso. Me senté en aquel gigantesco sofá en el que tantas horas había pasado a lo largo de mi infancia y adolescencia. Me vinieron a la cabeza multitud de recuerdos: las noches de cine, de juegos, de confesiones... Y, en parte, todo aquello cambió cuando los tres nos separamos al hacer bachilleratos distintos.

—Cuando queráis saco el Jenga —dijo mientras se sentaba en el sofá de al lado y me daba la cerveza—. Leti y yo hemos pensado en pedir unas pizzas si te parece bien.

—Claro, lo que quieras. Es tu cena de despedida —dije alzando el tercio para brindar con él. Leti se sentó al lado de Kike y se unió al brindis. Y después...

Silencio.

¿Quién lanzaría la primera piedra? Saqué el móvil y comencé a ojear las notificaciones que tenía en mis redes.

—¿Qué tal por aquí? ¿Cómo ha ido el verano? —preguntó Leti.

—Bien, tranquilo. Ya sabéis cómo es Madrid en agosto: vacío y caluroso —dije, sin despegar la mirada del móvil—. ¿Vosotros? ¿Qué tal por la playa?

—¡Bien! Como siempre, la verdad. Mi hermano sigue igual de pesado y mis padres siguen siendo los conquistadores de la primera línea de playa —confesó Leti con una sonrisa nerviosa.

—Y yo... —dudó Kike tocándose la cabeza—. Como siempre, también.

Ambos empezaron a contar distintas anécdotas del verano, como la caída que sufrió el hermano de Leti, la nueva ruta de senderismo que encontró Kike por las playas de Marbella, discusiones familiares, etc. Si te soy sincero, desconecté de todo lo que hablaban porque, entre que su verano me importaba más bien poco y que la conversación pareció volver a ser cosa de dos, me centré en el móvil y en interactuar con mis seguidores.

—Bueno, ¿y tú qué? —me preguntó Kike—. Te lo puedo preguntar por Instagram si quieres.

De reojo, pude ver cómo Leti le daba un rodillazo discreto a Kike. Ella tomó las riendas de la conversación.

—¿Qué tal con todo el mundillo *influencer*? ¡He flipado cuando he visto que ya casi tienes diez mil seguidores!

—He estado muy ocupado. Me ha venido bien para no pensar en la uni y... —dudé unos segundos antes de continuar con un «vosotros dos», pero opté por callarme—. Lleva más tiempo y trabajo del que parece.

—Es genial que te hayan fichado en esa agencia, Nino —me dijo Leti con una sonrisa que parecía ocultar un poco de... ¿tristeza?

Los dos estaban tan nerviosos e inquietos que hasta sentí lástima por ellos. Me dio la sensación de que querían contármelo, pero no sabían cómo. Así que opté por zanjar aquello de una vez por todas y ser el primero en tirarme a la piscina con las confesiones.

—Oye, hay una cosa que os quería contar a los dos en persona —comencé, guardando el móvil en mi bolsillo—. Si no os lo he dicho antes es porque habéis estado fuera y... Bueno, ya me conocéis...

Me detuve un segundo en estudiar sus rostros, que pasaron de la inquietud a la confusión. Como si no se esperaran que yo tuviera que contarles algo. «¿Cómo? ¡Pero si los que ocultamos un secreto somos nosotros!», me los imaginé pensando en aquel momento.

—Estoy saliendo con Carly.

Lo solté de una forma tan seca como fría. Kike frunció el ceño. Leti abrió los ojos de par en par y dio un largo trago a su cerveza.

—Con... —preguntó Kike—. ¿Con la prima de Marchetti? ¿La famosa? ¿La niña rica del ático?

—Bueno, tú tampoco te quedas atrás en cuanto a «vida de ricos» se refiere, campeón —le contesté mientras me metía una patata en la boca.

—Supongo que tiene sentido. Has aparecido un montón en su Instagram —murmuró Leti en lo que parecía más un pensamiento en voz alta—. ¿Y cómo... ? Es decir, ¿desde cuándo?

—Desde finales de julio, más o menos.

—Pero... todavía estábamos aquí. Los dos. ¿Por qué no nos dijiste nada? —me preguntó con tristeza.

Allá vamos.

—Bueno, lo mismo os podría preguntar yo a vosotros —sentencié mirándolos fijamente—, ¿no?

El rostro de mis dos mejores amigos se quedó completamente pálido. El tiempo pareció detenerse. No eran capaces ni siquiera de parpadear. Kike consiguió tragar saliva y al rato Leti se llevó las manos a la cabeza mientras lanzaba un fuerte suspiro.

—No pasa nada, chicos —dije calmado—. Me alegro por vosotros. De verdad. Lo único que... me duele mucho que no hayáis sido capaces de decírmelo.

—¿Desde cuándo lo sabes? —preguntó Kike con la voz ronca, como si su boca hubiese dejado de salivar inmediatamente.

—Desde la noche del hawaiano. Os vi por la calle y...

Mierda. Mi lengua confesó aquello sin pensarlo. Sinceridad absoluta. ¡Bravo, Nino!

—¿Por qué teníais miedo de contármelo? —pregunté rápidamente, intentando evitar que recordaran mi precipitada ausencia.

—Pues... no lo sé, la verdad —dijo Kike—. Supongo que para que no te sintieras desplazado... Que todo iba a seguir igual que siempre, vaya.

Kike puso su mano sobre la de Leti, que seguía callada y completamente congelada. Como si aquello la hubiera dejado en un fuerte estado de *shock*. Sentí una extraña punzada en el estómago al ver cómo mis dos mejores amigos compartían gestos tan afectivos propios de una pareja.

—Nada va a ser igual, Kike —contesté con una sonrisa amarga—. Tú te vas a Islandia y nosotros vamos a empezar una nueva vida en universidades distintas, donde conoceremos a gente nueva y...

—La noche del hawaiano... —interrumpió Leti—, ¿no te fuiste a casa porque te encontrabas mal?

—Sí, pero... —me detuve unos segundos para pensar qué leches les iba a decir. ¡Tenía que improvisar algo que fuera creíble! ¡Qué faena no haber contado con aquello!—. Opté por dar un paseo para ver si se me pasaba el dolor de tripa. Por si eran gases y esas cosas... me puse a caminar escuchando un pódcast y acabé casi en Atocha.

Por cómo me miraban, supe que aquello estaba colando a medias. La voz me temblaba y me puse un poco nervioso, pero conseguí rematar el cuento.

—A la que volví os descubrí en una calle cerca de Fuencarral y, bueno...

—¿Y no fuiste capaz de decirnos nada? —preguntó Leti ofendida.

—Leti, no soy yo el que tenía que deciros: oye, os he visto comeros la boca —contesté tajante, con una burlona imitación—. Esperé a que saliera de vosotros, pero... ¡hacíais como si nada! —Me entró una risa incrédula—. ¿Cómo voy a querer contaros las cosas cuando vosotros no sois capaces de contarme algo así?

—Ya te lo he dicho —se excusó Kike—: no queríamos que te sintieras...

—¿Desplazado? ¿Dolido? —le interrumpí sin ocultar mi enfado—. ¿Qué gilipollez es esa, Kike? ¡Que soy yo, joder! ¡Soy Nino!

—¡Pues por eso mismo! —dijo mi amigo elevando el tono de voz—. ¡Eres Nino! ¡No podía imaginar cómo te sentaría esto cuando reaccionaste de aquella manera a la noticia de Islandia!

—¡Reaccioné de aquella manera porque te lo callaste, Kike! —contesté—. ¡Como esto! ¡Como todo! Soy tu mejor amigo, ¿no? ¡Supuestamente debía enterarme de estas cosas antes que nadie! No en una fiesta de graduación (a la que, por cierto, no quería ir) y delante de dos perfectos desconocidos que...

—¡Eran amigos míos! —me interrumpió.

Me entró la risa otra vez. No sé si por incredulidad o por un mecanismo de defensa para lidiar con aquellas emociones que me estaban generando enfado a la par que tristeza. ¿Acababa de comparar nuestra amistad, casi hermandad, con la relación con aquellos dos chavales que había conocido en los últimos dos años del instituto?

—Vale, Kike. Lo que tú digas. El caso es que de ti me podía esperar esto, pero... ¿que tú me lo ocultaras, Leti?

—¿Cómo que te podías esperar esto de mí? —me contestó indignado—. ¿Qué quieres decir?

De repente, me acordé en aquel momento del encontronazo que tuve con Kike en el baño de casa de Carly, del cabreo que tenía mi amigo sin venir a cuento.

—Por eso querías irte de aquella barbacoa... —murmuré—. Que Leti estuviera tonteando con los amigos de Carly te puso celoso. ¿Desde cuándo estáis juntos?

—Desde la noche de la graduación —confesó Leti tajante.

Guau.

—Bueno, pues... ¡Mi enhorabuena, amigos! —dije con una fingida alegría mientras alzaba el tercio y lo chocaba con los suyos, que permanecían llenos en la mesa—. ¡Espero que seáis muy felices!

—Nino, no hagas un numerito de esto, por favor —me pidió Kike.

—¡Oh, no me jodas, Kike! —escupí—. Habéis sido vosotros quienes habéis dado el espectáculo durante todos estos meses. Escribiendo en el grupo como si no hablarais entre vosotros por privado. Contándome vuestra vida como si no la supierais ya ambos. ¿Puedo haceros otra pregunta? Cuando hablamos en verano, ¿estabais en la misma playa también? —El silencio contestó por ellos. Yo me volví a reír con un punto de demencia que, por desgracia, era cada vez más habitual en mí—. ¡Fabuloso! ¿Y quién de los dos mintió, entonces? ¿Follabais en casa de los padres de Leti o en Marbella?

—¡Nino, ya basta! —me espetó Kike.

Leti se levantó de inmediato ocultando el rostro lagrimoso en sus manos. Fue directa a la entrada de la casa.

—¡Leti, espera! —suplicó Kike yendo detrás de ella.

Yo me quedé sentado en el sofá. Me crují el cuello como si acabara de ganar el primer *round* de un combate de boxeo. Agarré un par de patatas y me las llevé a la boca para después acomodarme y volver a sacar el teléfono móvil. Quería fingir indiferencia ante la situación. Aunque aparentara estar pendiente de mis redes, de reojo veía cómo mis mejores amigos cuchicheaban. Leti se iba a marchar. El tímido beso de despedida que se dieron me lo confirmó.

—Ya hablaremos, Nino —me dijo con una voz entrecortada mientras salía.

Kike cerró la puerta y se tomó unos segundos para tranquilizarse. Después volvió al salón y se sentó con un suspiro.

—No se merecía esto —me dijo muy serio, sin despegar su mirada de mis ojos—. Yo puedo aguantar tus rabietas, pero a ella le queman por dentro. No sé si te has dado cuenta.

—Con lo fácil que hubiera sido decirme las cosas, chicos —contesté indiferente.

—Nino —continuó, armándose de paciencia—, no es fácil decirte las cosas. Eres como una bomba de relojería. Te quiero, tío. Pero... es muy difícil decirte cosas que sé que no te van a gustar. ¡Porque no sé cómo vas a reaccionar! No sé si te vas a enfadar o te vas a callar lo que sientes y seguir como si nada... —Le notaba cada vez más desesperado—. A veces me resulta muy difícil llegar hasta ti y llega un momento... en el que me canso. Me canso, me callo y sigo con mi vida. Y entonces veo que tú sigues con la tuya y... Por Dios, ¡mírate! ¡Ahora resulta que eres *influencer*! ¡Ni siquiera eres capaz de soltar el móvil de tu puñetera mano!

—¿Y eso qué tiene que ver? —pregunté confundido.

—Pues... que no hemos sabido nada de ti en todo el verano, Nino. Si no llega a ser por los mensajes que hemos puesto en el grupo, no te hubieras preocupado en escribirnos. Y claro... —dijo tocándose la cabeza—. Ahora entiendo que si no nos escribías, era por puro despecho.

Dejé el móvil en la mesa, de mala gana.

—¿Cómo no voy a sentir despecho cuando estáis tan liados que os habéis ido juntos de vacaciones?

—Mira, ¿sabes qué? —me dijo concluyente—. La hemos cagado. Tanto nosotros como tú. Punto. Vamos a hacer por solucionar las cosas y...

—No, no —le interrumpí—. No te equivoques. Aquí, quienes la habéis cagado habéis sido vosotros dos. No yo.

—Nino..., no me quiero ir a Islandia sin solucionar esto.

—Si con «solucionar» estás buscando una disculpa por mi parte, creo que te vas a ir con el problema en la maleta.

—¡No espero una...! —volvió a exasperarse y a alzar la voz, pero se controló y volvió a suspirar, frustrado—. Mira, quiero a Leti. Estoy enamorado de ella. Siento, de verdad, habértelo ocultado. Y hablo de mí, como Enrique. Siento haberte ocultado mis sentimientos hacia Leti, ¿vale? Pero tenía miedo de que te doliera y me dejaras de hablar.

—Pero..., vamos a ver, Kike, ¿por qué iba a dolerme? —pregunté marcando cada palabra de aquella pregunta.

—Porque tú también estás enamorado de ella.

Sus palabras me cayeron como un jarro de agua helada lleno de cubitos de hielo. Me quedé completamente petrificado.

Qué difícil es escuchar de boca de tu mejor amigo algo que ni tú mismo comprendes. Qué duro es sentirse tan estúpido como vulnerable con una sola frase. ¡Qué imbécil e infantil me sentí delante de él! ¡Kike, mi mejor amigo, explicándome cómo funcionaba mi corazón!

Dejé el tercio de cerveza a medio consumir en la mesa, recogí el móvil tranquilo y, sin decir una sola palabra, me levanté del sofá con una tranquilidad que hasta a mí mismo me dio miedo.

—Nino, por favor, espera —me detuvo—. Por favor, quiero... Quiero hablar de esto. Es importante para mí, yo...

—Buen viaje a Islandia, Kike.

Y así me despedí de mi mejor amigo. Con un punto y aparte en nuestra relación. Un punto que yo mismo marqué y bajo el que empecé a poner ciertos límites emocionales para no volver a enfrentarme a aquella realidad que me empeñaba en ocultar.

Una semana más tarde, Kike cogió un vuelo a Reikiavik. Al aeropuerto fueron a despedirle sus otros dos mejores amigos, su familia y, por supuesto, Leti. Lo supe porque lo vi en los *stories* de ella y en el precioso *post* que le dedicó. Aquel día yo superaba los quince mil seguidores en mis redes y Raquel lo celebró dándome una nueva campaña.

No le escribí ni le llame. Conseguí transformar el dolor y el aturdimiento en una falsa indiferencia que oculté bajo mi vida virtual. Una vida de la que empezaba a estar más pendiente que de la real. Cada vez que me preocupaba algo, me metía en Instagram y compartía alguna historia para poder interactuar con mis seguidores, o colgaba una foto con algún texto sobre la ciencia, el futuro y la importancia de luchar por lo que quieres. Aquella era mi forma de barrer la suciedad: escondiéndola debajo de la alfombra.

¿Qué hice cuando Kike se marchó a Islandia? Me limité a escribir un comentario en el *post* que había colgado Leti:

«¡Buen viaje, @KikeOlympus!»

Lógicamente, no me contestó.

33,7 mil seguidores

¡Abracadabra

Y con los días pasaron las semanas y, del mismo modo, los meses. Diciembre llegó con una ola de frío con la que el campus se tiñó de blanco durante unas horas por la fuerte nevada que cayó sobre la capital durante toda una mañana. Después de que Kike se marchara a Islandia, las cosas entre Leti y yo se enfriaron aún más. Directamente, nos dejamos de hablar.

—¿Te veo luego?

La voz nasal que tanto odié y temí en el instituto se convirtió en uno de los sonidos que más escuché en aquellos meses. Y es que Marchetti, después del encontronazo que tuve con él en los baños, cambió su actitud conmigo en un giro de ciento ochenta grados. Me hizo caso y se limitó a dejarme mi espacio tanto en clase como fuera de ella. Hasta le daba vergüenza mirarme a la cara, pero sabía que en redes veía mi contenido porque le daba *like* a cada experimento nuevo que publicaba.

Mientras que él no terminaba de encajar con nuestros nuevos compañeros de clase, yo me desenvolvía bastante bien con un pequeño grupo formado por dos chicas y tres chicos. Todos ellos con sus inquietudes y aspiraciones como futuros químicos. Laura, Aarón y Max, que me recordaban un montón a Leti y Kike, habían visto mis experimentos antes de que empezara el curso, pero no tenían ni idea de que yo era el que estaba detrás de aquella cuenta. Reconozco que, cuando empezaron a subir los números en mis redes, me daba vergüenza decir que yo era @NinoPardino. Pero las buenas palabras que recibía por parte de mis nuevos colegas me hicieron compartir con ellos ideas de futuros experimentos que, sin duda, enriquecí con sus comentarios.

Cuando llevábamos un mes de clases y vi que Marchetti no conseguía encajar en ningún grupo, y se sentaba solo al final de la clase, sentí lástima por él. Qué irónico, ¿verdad? Lástima por aquella persona a la que quería ver sufrir. Pero ¿acaso yo era un monstruo?

—No tienes por qué adoptarle —me decía Carly—. Tú no tienes que cumplir con la familia, como yo.

—Ya, bueno, pero si veo que el primo de mi novia, con el que comparto clase, está triste..., algo tendré que hacer.

Aquella fue la primera vez que etiqueté la relación que tenía con Carly. Me salió de forma inconsciente. Recuerdo perfectamente ver en su rostro la sorpresa por pronunciar «esa palabra». Una sorpresa que, inmediatamente, sustituyó por una coqueta sonrisa, acompañada de un tierno beso en los labios.

Así que introduje a Marchetti en el grupo y, aunque no se sintiera parte de él, se convirtió en mi sombra por los pasillos de la facultad. No solo me seguía a todas partes, presentaba cierta sumisión conmigo.

«Voy a reprografía a por los apuntes de Operaciones, ¿quieres que te traiga una copia?».

«He visto un vídeo que te puede inspirar para tus experimentos, mira».

«Oye, si necesitas que te ayude con el trabajo de Biología para que puedas terminar el vídeo de esta semana, dímelo, ¿ok?».

Y así fue cómo, con el paso del tiempo, el enemigo se convirtió en escudero.

—Deberías hacer más recetas químicas como la del quitagrasas o la del gel magnético, Nino —me propuso Laura un día en la cafetería de la facultad—. Las otras están bien pero no son prácticas.

—Sí, pero son más espectaculares y vistosas.

—Muchas veces parece magia —añadió Aarón mientras se comía el famoso cruasán mixto de nuestra facultad.

—La magia es ciencia —me reí. Y entonces se me ocurrió sorprender a mis compañeros con un sencillo truco de magia (o de ciencia, mejor dicho)—. Dadme un segundo...

Me levanté corriendo hasta la barra de la cafetería y pedí algodón, hilo y alcohol de heridas. La mujer se asustó y me preguntó de inmediato si alguien se había cortado.

—No, no —susurré con una sonrisa canalla—. Es... para un experimento.

Antes de regresar a la mesa, preparé el material: arranqué un buen trozo de algodón e hice una bola que me cupiera en la palma de la mano; después, con un poco de hilo, envolví toda la pelota y la empapé en alcohol.

—¿Quién me deja un mechero? —pregunté de vuelta con mis compañeros.

Aarón me dejó el suyo bajo la atenta y curiosa mirada de toda la mesa y parte de las adyacentes. Marchetti, que se dio cuenta enseguida de aquello, no dudó en ponerse en pie sobre su asiento.

—¡Damas y caballeros! —gritó llamando la atención de toda la cafetería, como si fuera un maestro de ceremonias.

—¡Marchetti! —grité en un susurro—. ¿Qué haces?

—Tengo el inmenso orgullo y placer... —continuó mientras veía cómo todas las miradas se posaban en nosotros— de presentarles al increíble, al ingenioso, al espectacular... ¡Nino Pardino!

El silencio de la cafetería solo se rompía por el hilo musical de fondo. Todas las miradas estaban puestas en mi mesa y, por consiguiente, en mí. ¿Por qué había hecho aquello? ¡Era una tontería de truco! Miré por la ventana, avergonzado, sin saber qué hacer o decir. Entonces me vi reflejado en el cristal empañado por la lluvia otoñal; con el mechero en una mano, la pelota de algodón en la otra y una sonrisa lobuna dibujada en mis labios. El pecho me vibró.

¿Empezamos?

Antes de prender la llama, pulsé el botón del gas y comencé a llenarme la mano en la que escondía el algodón. Después, como si pudiera agarrar el compuesto invisible, cogí un pedazo con la otra y moví la rosca para que se generara una chispa. Inmediatamente, de la mano en la que tenía el mechero salió una pequeña llamarada que acerqué a la otra, en la que guardaba la pelota de algodón. En cuanto la liberé, una llamarada el triple de grande ocupó toda mi mano, como si fuera un mutante con el poder de manejar el fuego. La pelota de algodón prendió como un pequeño meteorito y comencé a pasármela de mano en mano como si nada. El alcohol mantenía el calor concentrado y evitaba así que me pudiera quemar las manos, pero, a ojos del resto, daba la sensación de que estaba jugando con una pelota de fuego.

La gente empezó a aplaudir. Marchetti y varios compañeros, a silbar y vitorear. Mi motivación me animó a hacer varios malabares y juegos de manos con la propia bola de algodón y el mechero. Los lanzaba cada vez más alto hasta que intuí que estaba a punto de apagarse y decidí terminar el número con una palmada que terminó por extinguir el fuego.

Los aplausos prosiguieron con más fuerza tras el final del número. Pude ver varios móviles grabando toda la escena.

—¡No os olvidéis de mencionarle en redes! —gritó Marchetti.

—¡Esta gente no sabe quién soy, Marchetti! —contesté riéndome.

—¡@NinoPardino, damas y caballeros! —gritó a la multitud. Después, se giró hacia mí de nuevo y me guiñó un ojo—. Ahora sí.

—Lo que he dicho... ¡Un mago! —me vaciló Aarón cuando le devolví el mechero.

Max me pasó su móvil para enseñarme el vídeo que mostraba todo el experimento (¡o truco!). ¡Qué desenvuelto y confiado me veía! Fui parando varios fotogramas y me fijé en mi cara de concentración y diversión. Una cara que... me recordaba a *Él*. Pero ¿cómo era posible? Aquel día no ingerí gotas del compuesto. ¿Mi cuerpo se estaría acostumbrando a aquella parte oculta de mí? ¿Dejaría de necesitar el brebaje para ser valiente o decidido? ¡Lo que ocurrió aquel día me demostraba que era posible!

—Perdona —la voz de un desconocido me sacó de mis pensamientos—. Solo quería decirte que me flipa lo que haces. Te he visto por la facultad, pero no sabía si eras tú. ¿Te importa si nos hacemos una foto?

Carly se echó a reír en cuanto le conté todo lo que me ocurrió aquella mañana en la universidad. Supongo que la cara que puse mientras relataba todo tuvo algo que ver. Era abrumador sentir que lo que hacía, mis experimentos, gustaba a tanta gente.

—Nino, no solo te quieren por lo que haces —me dijo Carly—, sino por cómo lo haces. Cualquiera puede hacer el truco de la bola de fuego, pero el carisma que le diste hizo que se convirtiera en un *show* en vez de un experimento. El contenido es el cebo; el creador, el anzuelo. Así es como se pesca en este océano. Sí, habrá algunos que te recuerden por lo que haces, pero la mayoría lo hará por quién eres.

La cantidad de consejos que me daba Carly y todo lo que aprendía a su lado nos provocaba a ambos una excitación por la que terminábamos enredados en las sábanas de su cama. Parecía que el sexo entre nosotros y los elogios en mis redes fueran de la mano, porque cada día que pasaba me volvía más adicto a ambas cosas. Si no pasaba más tiempo en su casa era porque mi laboratorio lo tenía en mi habitación y allí era el único lugar en donde grababa los experimentos.

Todo esto ocurrió antes de aquella nevada en la capital madrileña.

Antes de recibir aquel mensaje de Leti.

Tres meses sin hablarnos y, de repente, apareció.

Me he cruzado con tu madre esta mañana

Me ha alegrado mucho verla

Espero que tú estés bien. Cuando quieras

nos vemos y charlamos

Un besito

Leer aquello me hizo un nudo en el estómago. Los recuerdos con ella inundaron mi cabeza como el tsunami que arrasa toda una costa. Aquellas tardes en el parque con nuestro paquete de pipas; las noches de cine en casa de Kike, acompañadas siempre de una partida de juegos de mesa; los paseos que empezaban en el parque del Oeste y acababan en el Palacio Real. Las charlas sin sentido, las íntimas confesiones, las sonrisas que hablaban por sí solas, la energía que me daba cada caricia y abrazo... Con ellos, el paso del tiempo tenía otro significado: no tenía ninguna importancia, parecía no existir, ramos imperecederos. Igual que nuestros sueños. Un uturo que queríamos construir juntos, un plan del que os tres formábamos parte. Los tres viviríamos juntos en n piso del barrio y adoptaríamos a dos gatos y un perro, nientras que Leti diseñaba sus edificios, Kike hacía sus nvestigaciones de ingeniero y yo preparaba mis mezclas le laboratorio.

Pero llegaron los secretos. Islandia y Kike. Ellos dos y quel beso.

Y yo..., ¿dónde encajaba en aquella ecuación?

—Ey, tierra llamando a Nino.

¿Leti?

No, no me lo dijo ella.

—Te veo luego, ¿no? —me repitió Marchetti, refiriéndose a un evento al que nos habían invitado a todos os *influencers* de LiveDreams y al que nos dejaban llevar compañantes.

—Sí, sí —contesté aturdido—. Luego te veo.

Me quedé parado en el sitio, congelado. Solo habían pasado seis meses desde que terminé el instituto, pero en mi interior parecían haber sido años.

Volví a leer el mensaje. No contesté.

¿Cómo era posible que las cosas pudieran cambiar tanto en tan poco tiempo?

33,8 mil seguidores

¡El show debe continuar

Uno no es consciente de cómo es un *influencer* hasta que no lo ve en acción junto a otros *influencers*. Y el lugar idóneo para ver este espectáculo es cualquier evento exclusivo al que quisiera asistir el resto de los seres humanos. Ellos son los únicos afortunados en poder disfrutarlo porque, de esa forma, comparten con el resto del mundo sus vivencias. Algo que, por supuesto, a los que primero interesa es a las marcas y empresas que organizan el evento. Todo se dispone por y para ellos esperando que compartan en sus redes la asistencia al pase de una película, la presentación de un producto o el concierto de algún artista. De esta forma, si la marca invita a veinte o treinta *influencers* con sus respectivos acompañantes, se aseguran una promoción por redes durante el tiempo que dure el evento. Porque un *influencer* crea, cuenta y comparte. No necesariamente en este orden.

Aquella tarde nos invitaron a la presentación del último modelo que iba a sacar Walli, una importante marca de teléfonos móviles. Que todo LiveDreams estuviéramos en aquel evento no era casualidad: varios *influencers* de la agencia se habían convertido en la imagen de la marca y, en parte, todo aquel jolgorio formaba parte de la campaña de publicidad. Una millonaria campaña que, por cierto, encabezaba @MaximoosLife.

Antes de ir al evento, Carly me dio una caja en la que había un conjunto completo de ropa formado por unos vaqueros de pitillo, una camisa burdeos de cuadros que podía llevar de manera informal con las mangas remangadas, unas zapatillas de piel y tela altas de color marrón y un elegante abrigo.

—Sin olvidar el toque científico —me dijo mientras me daba un estuche con unas nuevas gafas graduadas de marca.

—Carly, todo esto... —dije atónito—. Todo esto es muy caro. No tenías por qué regalarme...

—¿Regalarte? —me interrumpió con una sonrisa coqueta—. Esto no te lo he regalado yo. La caja está a tu nombre y... —continuó mientras rebuscaba en el interior—. Aquí hay una tarjeta en la que también pone tu nombre.

Confundido, la abrí de inmediato.

Querido Nino:

Sabemos que los científicos pasáis más tiempo en el laboratorio que en el mundo real. Por eso, te queremos regalar este conjunto de invierno para que no tengas que pensar qué ponerte cuando tengas que salir. ¡Esperamos que te guste! Si te apetece compartirnos una foto para que veamos lo bien que te queda, no dudes en etiquetarnos en nuestras distintas redes.

Un abrazo del equipo Zócalo,
@zocalo_ropa

Atónito, me probé todo de inmediato (¡me quedaba como un guante!) y Carly me hizo una foto para que la compartiera en mis historias de Instagram, etiquetando, por supuesto, a la simpática marca que se había molestado en regalarme todo aquello.

Qué extraño me sentí con aquellas ropas tan elegantes, tan alejadas de mi forma de vestir habitual. Me estudié en el espejo. No solo mi físico había cambiado. También mi mirada, mi interior... En mi rostro podía ver aquel orgullo, aquella sonrisa victoriosa, aquel gesto de superioridad que, cada día que pasaba, se potenciaba más en mí. Como si estuviera sufriendo una metamorfosis y el extraño que había dentro de mí estuviera, cada día que pasaba, más presente.

Igual es un buen momento para un cambio de look.

Me atusé el pelo, intentando peinármelo de una manera coqueta. En cuanto Carly me vio, propuso lo mismo que la voz de mi interior, así que no tardamos en acudir a su peluquería de confianza. En cuestión de un par de horas, lucía un nuevo corte mucho más acorde a mi nuevo vestuario y, por supuesto, a una vida que se alejaba más de los laboratorios y se centraba más en las redes. Cada día que pasaba, la apariencia y lo que mostraba al mundo iban ganando más peso e importancia.

Cuando el sol comenzó a anunciar el ocaso del día, pusimos rumbo hacia el hotel en donde tenía lugar el evento de Walli. Yo con mi cambio de look y Carly con un conjunto igual de elegante e informal que el mío, pero con un punto de ejecutiva que me volvió loco. No me di cuenta de que todo aquello formaba parte de una presentación en sociedad: era la primera vez que Carly y yo apareceríamos juntos, como pareja, en un evento público. ¡Y menudo evento!

Llegamos cuando la mayoría de la gente estaba en el interior del inmenso salón de hotel en el que se iba a celebrar la presentación del nuevo móvil. Allí, además, de Raquel, estaban John, la pareja de @Trufitos, los peculiares @QueenCuore y @SirMacbeth... y unos cuantos más que no supe quiénes eran, pero, por las pintas que llevaban, también serían famosos *influencers* de la agencia. Sin contar con los acompañantes que había decidido llevar cada invitado. En nuestro caso, Marchetti.

—Bueno..., voy a encargarme de lo importante: ¡un buen copazo! —dijo mientras se alejaba de nosotros.

—No te vengas arriba, primo —le advirtió Carly, con un tono más de madre que de igual.

Él le contestó alzando la mano con indiferencia, como si con aquel gesto pretendiera despreocupar a Carly.

Luces que iban cambiando, un montón de mesitas de cóctel, camareros que te ofrecían copas de vino, cerveza y refrescos en una bandeja, música *chill* de fondo... Todo parecía tremendamente caro y glamuroso. ¡Hasta respirar aquel aire parecía costar dinero! En el centro de la sala había un escenario circular y coronándolo, colgando del techo, un anillo enorme recubierto de una pantalla digital sobre la que se proyectaban animaciones de la marca.

En cuanto Raquel nos vio, se acercó a nosotros sonriente.

—¡Qué guapos! —nos dijo mientras nos saludaba con dos besos.

Me echó un vistazo de arriba abajo, estudiando con detalle tanto las ropas como el nuevo peinado que lucía.

—Ya sabía yo que el marrón y el burdeos te iban a quedar bien. Y ese corte de pelo te sienta de fábula.

—¿Ha sido cosa tuya? —pregunté sorprendido.

—La marca me contactó por si alguno queríais ropa y... Bueno, digamos que quise darte una sorpresa —me contestó con un guiño—. Estás guapísimo.

—Muchas gracias, Raquel. No sé qué decir.

—Nada, cariño. No tienes que decir nada. Lúcelo con orgullo, que para eso es tuyo. —Acto seguido se giró a Carly—. John y tú tenéis que acompañarme para ver cómo nos organizamos con Maximoos en la presentación.

—¿Maximoos? —pregunté sorprendido—. ¿@MaximoosLife está aquí?

Ambas me miraron cómplices y con una ternura que no terminé de entender. La única respuesta que obtuve a mi pregunta fue un beso en la mejilla por parte de Carly antes de que se fuera con Raquel.

Me quedé ahí, parado, sin saber qué hacer. Mientras, a mi alrededor, ocurría la magia *influencer.*

Unos pocos metros más allá de donde estaba, un chaval se peleaba con su móvil para compartir en un vídeo de quince segundos lo precioso que era el sitio en el que estaba. Pero, claro, no solo tenía que salir bien el sitio;

también él. Debía parecer *casual*, guapo, perfecto. Pareció quedar convencido de incluir todos esos adjetivos al octavo intento. Cinco minutos para falsear un vídeo de quince segundos.

A mi izquierda, un grupo de personas fotografiaban los canapés que iban ofreciendo en las bandejas. Cada uno tenía su estilo, por supuesto. Uno enfocaba primero a la pantalla luminosa del escenario y después cerraba el plano con la tartaleta de salmón. Otro se grababa con la cámara frontal del móvil, sosteniendo en una mano el canapé que se iba a comer, pero lo acabó dejando de nuevo en la bandeja con cara de asco cuando terminó de hacer el paripé. Otras brindaban con las risas como protagonistas de la escena para luego apagar esas carcajadas junto a la cámara del móvil, como si las ganas de pasarlo bien se fueran a gastar y solo pudieran hacerlo cuando alguna estaba grabando.

Seguía sin encajar en aquel ambiente. Me costaba mucho adaptarme a las falsas realidades que cada vez me rodeaban con más frecuencia. Observé a Marchetti charlando con los histriónicos @QueenCuore y @SirMacbeth, completamente desenvuelto en gestos cariñosos, risas y fotos con el móvil. ¿Cómo conseguía adaptarse mejor que yo? ¡Con unas personas que, además, no le tragaban! Sabía que Marchetti no caía bien en el círculo de Carly, pero cada vez que se juntaba con aquella gente era recibido como uno más. ¿Qué clase de comentarios decían de mí cuando no estaba presente? ¿Sería el friqui de laboratorio que se estaba aprovechando de la gran @Carly_Amaretto?

¿Caería bien? ¿Y si me estaba convirtiendo en el nuevo Marchetti? ¿Y si el primo de Carly se las había ingeniado para convertirse en mi fiel escudero, pero lo que quería era volver a...?

Para.

Sentí su voz en mi pecho, como si le hubiese invocado, como si supiera cuándo tenía que aparecer. Sin embargo, no había ingerido la dosis suficiente para que tomara el control. ¡Me creía capaz de desenvolverme bien! Pero con Carly desaparecida..., ¿qué iba a hacer yo ahí? Sin ella a mi lado, me sentía como un cachorro dependiente a la espera de que volviera su dueña. Tenía que mostrar cierta independencia e iniciativa para charlar con mis compañeros de agencia.

Fui directo al servicio y, antes de que alguien pudiera verme, tragué tres gotas del frasco que llevaba siempre conmigo. Respiré hondo y me miré en el espejo. Sonreí.

¿Qué hacemos aquí parados?

Salí del baño decidido a entablar conversación con alguno de los *influencers* gordos de LiveDreams. Unas mesas más allá reconocí a Linda y Pepu, la pareja que se encontraba detrás de la cuenta @Trufitos. Agarré una copa de vino blanco de una de las bandejas de los camareros y me acerqué a ellos.

—¡Hola, chicos! —saludé con decisión—. ¿Qué tal? ¿Cómo estáis?

Parecía que hubieran estado discutiendo por algo, pero en cuanto me vieron cambiaron el gesto y forzaron una sonrisa complaciente.

—¡Nino! —contestó Linda mientras me daba dos besos—. ¡Pero qué guapo!

—¿Qué tal, tío? ¡Qué elegante! —añadió Pepu con un choque de manos.

—Culpa de Raquel, ya sabéis...

—Con Pepu hizo lo mismo —dijo ella mientras se acercaba a su novio y le tocaba el cuello de la camisa, como si se lo arreglara—. Consiguió lo que yo no pude.

A él le costó devolverle la sonrisa y prueba de ello fue cómo bajo la mirada al suelo durante unos segundos. Parecía estar preocupado por algo o incómodo por la situación. Sin embargo, enseguida volvió a recuperar la compostura y alzó la copa centrado en mí, como si mi presencia le ayudara a olvidarse del resto del mundo.

—Tú déjate hacer —brindó conmigo—. Déjate llevar.

—¿No ha llegado Carly aún? —preguntó Linda.

Me di cuenta de que ambos tenían el móvil en la mano y que, cada poco, comprobaban las posibles notificaciones que tuvieran. Aquello se estaba convirtiendo en un habitual gesto involuntario parecido al de respirar por parte de cada *influencer* que conocía.

—Sí, pero se ha ido con Raquel a no sé qué cosa de la presentación.

—¡Cierto! Que les toca hablar a ella, John y Max —añadió Pepu muy coloquial—. Oye, ya os lo comentaremos con más calma, pero... —miró a Linda—, os queremos proponer una cosita a Carly y a ti.

—¡Anda! ¿De qué se trata? —pregunté sorprendido, pensando en alguna colaboración.

Los @Trufitos se miraron en silencio, buscando una complicidad que estaba presente pero ensuciada por lo que quiera que estuvieran discutiendo antes de que yo les interrumpiera.

—Pepu y yo queremos montar un negocio vacacional y... —bajó la voz, acercándose a mí—. Bueno, digamos que queremos que unos pocos nos acompañéis a un sitio muy exclusivo para ver qué os parece.

—Tomad.

Raquel apareció de repente con tres elegantes bolsitas promocionales de la marca. No pude ocultar mi emoción cuando vi lo que había en su interior: un estuche con el nuevo teléfono móvil que iban a presentar.

—Pero... ¿¡y esto!? —pregunté sorprendido.

—Os han regalado uno a cada uno —me dijo mientras me agarraba del brazo y me invitaba a pasear con ella—. Chicos, ¿os importa que os lo secuestre un momento? No tardaré.

Me despedí de mis compañeros de agencia, a los que volví a dejar en un silencio incómodo entre ellos, con la extraña tensión que se percibe cuando una pareja discute, y comencé a caminar con Raquel por el salón.

—¿Ya se han peleado? —me preguntó Raquel entre dientes.

—No les he visto discutir, pero...

—Algo tenso se notaba, ¿no? —suspiró—. En fin, cosas de las relaciones que duran más de cinco años. Y más aún cuando te empeñas en adornarla para compartir tu vida con tanta gente.

—¿Adornarla? Es que no... ¿se quieren? —pregunté ingenuo.

Raquel me hizo una caricia en la mano, como si fuera una madre que le explica a su inocente hijo cómo funciona la vida.

—Se quieren, pero muchas veces se creen que la vida real funciona igual que la virtual y... no. Están a veces más preocupados por la aceptación que tenga su relación para sus seguidores que para ellos mismos.

¿Me acabaría pasando eso con Carly? ¿Nos acabaríamos convirtiendo en una pareja que vive de compartir su vida privada? Recordé aquello que me dijo hace meses: «Todavía no has vendido tu alma al diablo». ¿Se referiría a situaciones como aquella?

—Te quiero presentar a alguien —me dijo Raquel sacándome de mis reflexiones—. Pero antes me gustaría comentarte una cosa. Se me ha ocurrido que, quizá, podríamos pensar en algún *show* con tus trucos para el futuro.

—¿Mis trucos? —pregunté confundido.

—Trucos, experimentos... —dijo alzando la mano, restando importancia—. Tus estadísticas son muy positivas; estás en pleno crecimiento. Así que me gustaría adelantarme a posibles acciones. Y visto lo bien que te desenvuelves delante de tanta gente...

Raquel me condujo a uno de los laterales del salón, donde nos metimos por una puerta que daba a un pasillo tras el que se encontraba un improvisado camerino con varias personas en corro. En el centro de ellas, había una figura de espaldas con una estatura más o menos parecida a la mía, cubierto por una toga negra de los pies a la cabeza. En cuanto Raquel entró y saludó, el extraño se giró hacia nosotros y fue cuando supe a qué persona me iba a presentar. Su rostro se ocultaba tras una sonriente máscara, propia de los teatros romanos, que hacía referencia al avatar por el que se le conocía en sus redes.

—Maximoos, déjame presentarte a Nino Pardino. Nuestro nuevo fichaje.

—Encantado, compañero.

Me lo dijo con una solemne reverencia de cabeza. Sus manos permanecían escondidas bajo la toga. Su voz se distorsionaba con algún aparato que se ocultaba bajo la máscara. Ni aun teniendo al mismísimo @MaximoosLife a un metro de mí, supe si era un hombre o una mujer.

53,5 mil seguidores

Nadie te obliga a ver mi contenido.

¿Pero qué mierda es esta?

JAJAJAJA te crees científico.

Para qué te pintas la cara, estúpido.

Fracasado. Anda y vete con tus juegos de niño pequeño.

¿A quién le importa?

¡¡Nino PARDILLO!!

Trolls. Así se les llama. Es pura estadística: cuantos más números tengas, más insultos van a aparecer en los comentarios. No eran la mayoría, claro. Por aquel entonces, de cuarenta comentarios, a lo mejor había cinco o seis que se metían conmigo. Y aunque de cara a la galería dijera que ni los leía ni me importaban, mentía. ¡Claro que me importaban! Juegos de niño pequeño, decían. ¡Ya me hubiera gustado ver a aquel anónimo hacer lo que yo hacía! Contesté a alguno, claro. Pero siempre lo remataba con un: «Nadie te obliga a ver mi contenido». Era la frase más recurrente.

Pero también estaban los que pedían cosas. Los que, directamente, me ordenaban que me grabara haciendo algo que daban por hecho que conocía.

Ponme la receta del chicle.
Haz el reto del ahogado.
Más trucos con fuego.
¿Conoces el secreto de la Coca-Cola? ¡Compártelo!

¿Quién se creía aquella gente? ¡Mis redes no eran un *buffet* libre en el que podían exigirme lo que quisieran! ¿No se podían limitar a opinar sobre lo que aparecía en el vídeo? ¡Qué manía con pedirme cosas! ¡Ya vería yo lo que haría o dejaría de hacer! ¿No les gustaban los nuevos experimentos? ¿Veían mis vídeos o, simplemente, los comentaban porque se hacían virales? Porque había algún comentario que, claramente, demostraba que no habían visto el puñetero vídeo. Todo aquello me empezaba a frustrar.

Internet es un mundo tan libre y anónimo que se acaba convirtiendo en una anarquía descontrolada en la que todo el mundo opina. Todo el mundo sabe de todo, exige lo que quiere. Todo el mundo tiene voz, voto y razón. Y eso está muy bien cuando eres un usuario más que pasa desapercibido, pero, por aquel entonces, con más de cincuenta mil seguidores, empecé a darme cuenta de que era imposible humanizar todas aquellas voces. Y si al principio me emocionaba ver cómo perfectos desconocidos se molestaban en ver mi contenido, compartirlo y comentarlo, en aquel instante dejé de ver a toda aquella gente como personas y pasaron a ser caracteres, emojis y nombres de usuarios que escribían desde alguna parte del mundo. Eran números que sumaban a mis estadísticas y me mostraban una cifra final que lo único que me decía era si el contenido había gustado o no.

Son unos mediocres. Unos amargados. No tienen ni idea de lo que estás haciendo.

Su voz retumbó por todo mi pecho, como ocurría cada vez que quería salir. Abrí el cajón en el que guardaba el espejo roto y me miré en él. En mi rostro pude ver furia, frustración, orgullo.

¿Que a quién le importa lo que haces? ¡A más de cincuenta mil personas, imbécil!

—¿Y el que me llama Pardillo? —añadí con una incrédula sonrisa—. ¡Por favor, piensa algo más original, genio!

Eres un científico. Por eso te tienen envidia. Porque haces cosas que ellos jamás serán capaces de hacer.

—¡Son Marchettis!

Tu amigo tenía razón: Marchettis hay en todas partes.

—Con mis juegos de niño pequeño... —recité en alto uno de los comentarios—. Si tan infantiles te parecen, ¡no los veas!

Sabes que van a aparecer más, ¿verdad?

Asentí.

No podemos dejar que esto nos afecte. Estamos por encima. Muy por encima. ¡La gente te quiere!

—NOS quiere —le corregí.

No somos dos. Somos uno. Yo soy tú, tú eres yo. Formo parte de ti. Tú me sacaste, me despertaste.

—Y me alegro de haberlo hecho.

¡Te dije que harías grandes cosas! ¡Y lo que está por llegar! ¡Serás el más grande!

—El Gran Nino Pardino.

¡Todos gritarán tu nombre!

—¡Hasta MaximoosLife!

Sí..., hasta él.

¿Quién era Maximoos Life? ¿Quién se escondía detrás de aquella máscara romana? ¿Detrás de aquel avatar? ¿Cómo una persona sin rostro era capaz de congregar a tantísimos feligreses? ¿Por qué lo hacía? ¿Por qué quería esconderse del mundo? Cuando conocí en persona a uno de los *influencers* más grandes de todo el país, se despertó en mí una obsesión por descubrir su identidad. ¡Era real! ¡De carne y hueso! Alguien se tenía que ocultar debajo de aquel disfraz. Y como estaba dentro de su misma agencia quizá podría...

Sin embargo, como quien ve una estrella fugaz, pasaron los meses y no volví a coincidir con él. Ni siquiera en eventos privados. ¿Es que Maximoos no estaba invitado a aquellas reuniones de Carly? ¿Nadie se preguntaba por qué el *influencer* más grande de la agencia estaba tan escondido? ¿Por qué, en cierta manera, iba por libre?

—Cariño, ¿sabes dónde...?

Mi abuela entró de golpe en mi cuarto mientras aún sostenía el espejo roto en mis manos.

—*¿¡Es que en esta casa nadie sabe llamar a la puerta!?* —grité, con una voz tan grave que hasta a mí me costó reconocerla.

Escondí el espejo entre mis piernas y me giré hacia la puerta.

—Hijo..., perdóname. Ya sabes que a esta vieja chocha se le olvidan las cosas —me contestó con un fingido victimismo—. ¿Sabes dónde está la batidora? Mamá me ha dicho que has sido el último en cogerla.

Me mordí el labio y sacudí el rostro. Tenía que calmarme. Estaba demasiado alterado.

—*Sí..., la estoy utilizando* —contesté entre dientes.

—¿Y cuánto te queda?

«No, ahora no. Vete. Déjame a mí hablar con ella, por favor», me ordenaba por dentro.

—¿Estás bien, mi vida? —preguntó mi abuela, al verme cerrar los ojos, concentrado.

—No sé... —contesté suspirando, luchando con mi yo interior para mantenerlo atado—. No sé cuánto me queda.

—La necesito para preparar la comida.

Resoplé frustrado. Estaba harto de depender de cosas que no eran mías. Tenía un montón de dinero ahorrado de las campañas de los últimos meses, así que...

Dásela, me ordenó.

Dásela y nos compramos una.

Me levanté sin ocultar mi cabreo. Fui directo a la mesa de laboratorio donde estaba la batidora, la agarré con fuerza y se la puse a mi abuela contra el pecho.

—Toma. Tu batidora —contesté.

—Pero termina lo que estés haciendo.

—No, no te preocupes. Me voy a comprar una. Así, ni yo os molesto ni vosotros me molestáis.

—Pero ¿qué tontería es esa? ¡No molestas!

—Da igual, abuela. Ya tienes tu batidora. ¿Necesitas algo más?

Mamá entró en la habitación, preocupada por el elevado tono de voz con el que estaba hablando a la matriarca de la familia.

—¿Qué pasa?

—Nada, tu hijo, que está tonto —contestó mi abuela.

—*¿Cómo que estoy tonto?*

—¡Estás tonto si te quieres comprar una batidora! —insistió ella.

—*¡Porque no me dejas utilizar esta!*

—¿Cómo que no te dejo? —contestó indignada.

—¡Bueno, tranquilidad! —intervino mi madre—. Nino, tu abuela necesita la batidora para terminar de preparar la comida. La usa en un momento y ahora te la devuelve.

Respiré hondo para calmarme. No quería discutir con mi familia. Sin embargo, mi razón empezaba a solaparse con la emoción. ¡Estaba ya cansado de depender de ellos! En aquel momento, *Él* y yo íbamos en una misma dirección, sin saber qué decía yo y qué decía *Él*. ¿Había llegado el experimento a la esperada simbiosis?

—No hace falta, mamá —insistí cruzándome de brazos—. Me voy a comprar una y punto.

—Cariño, es una tontería que te gastes el dinero en eso cuando...

—Para vosotras será una tontería. Para mí no.

—Nino, no te enfades —contestó mamá, cambiando su tono conciliador a uno más severo—. Seamos prácticos. No tiene sentido gastar el dinero en algo que ya tenemos.

—Que tenéis vosotros. Yo, no —corregí—. Además, me lo puedo permitir con los ahorros que tengo.

—Bueno, no voy a discutir por esta tontería. No te vas a comprar una batidora. Punto —sentenció mi madre mientras se daba la vuelta—. Mamá, cuando termines, le avisas. Y si la quiere utilizar, genial. ¿Qué no? Pues también.

Una cosa que siempre me había puesto nervioso era que los adultos zanjaran las conversaciones de aquella manera cuando querían tener razón. Cuando seas padre comerás huevos, dice el dicho. Pues aquel dicho no me hacía ninguna gracia. Decidido a continuar con aquella conversación, salí de mi habitación apartando a la abuela para seguir a mamá por el pasillo.

—Oye, ¿qué mosca te ha picado? —me encaré.

Ella se giró de golpe.

—¡Qué mosca te ha picado a ti, Nino! Que llevas unos meses que... ¡telita! Desde que estás con tanto Instagram y TikTok no hay quien te reconozca.

Apareció mi padre por el pasillo, quien no intervino y se limitó a observar la situación.

Qué bien. Ya estamos todos.

—¿Qué pasa? Que como ya no me callo las cosas nos ofendemos, ¿no? —contesté—. Toda mi vida he estado haciendo lo que me pedíais. Pues mira, si me quiero comprar ahora una batidora, creo que...

—¡Que no es cosa de batidoras, Nino! ¡Que no estás tú solo en esta casa!

—¡Pues a ver si te aplicas el cuento!

—Oye, chaval, baja la voz —me ordenó mi padre.

—*¡No estoy hablando contigo!*

—Pero bueno... ¡No entiendo a qué viene esto! —intervino mi abuela—. ¡Todo por una batidora! Pues toma, hijo —me dijo, devolviéndome la batidora de mala gana—. Toma la maldita batidora.

Sin embargo, en vez de sujetar el aparato, me limité a seguir en la misma posición, como un témpano de hielo. La batidora chocó contra el viejo parqué, partiéndose en

varios pedazos que rodaron por el suelo.

—Ahora sí que vas a comprar una nueva batidora —me escupió mi madre, rabiosa.

—*Sí*... —mascullé con los dientes apretados—. *¡Pero será para mí!*

—¡Mientras vivas en esta casa, todo será de todos! —añadió mi padre.

—¿Ah, sí? Pues entonces igual va siendo hora de que me vaya —contesté, decidido.

—¡Pues ahí tienes la puerta! —señaló papá—. ¡Nadie te retiene aquí! ¡Nadie te exige que pongas un maldito duro para los gastos! Aun sabiendo que el único sueldo que entra aquí es el de tu madre. ¡Nadie te obliga a dar cuentas de nada!

—*¿Esta charla me la está dando el único parado de la casa?* —pregunté con arrogancia.

—¡Nino! —gritó mi abuela horrorizada por mi comentario.

—Mirad..., ¿sabéis qué? Igual es un buen momento para que me independice.

Mi padre se empezó a reír de una forma tan amarga y triste que aquel paternalismo me dolió y enfureció aún más.

—¿Qué te hace tanta gracia? Lo digo muy en serio.

Papá se rascó la nuca y, con un chasquido de lengua, me miró con lástima y decepción.

—Me hace gracia porque... toda esta rabieta que te ha dado me recordaba a algo. Y... acabo de caer. Twitter. Me acabas de recordar al maldito Twitter —me dijo tranquilo y anonadado.

Entonces el que sonrió con tristeza fui yo.

—Pues... si no te gusta lo que ves, puedes dejar de seguirme —le contesté.

—No, hijo. No voy a dejar de seguirte. Porque, a pesar del numerito que has montado y de las tonterías que has dicho..., te quiero y estoy orgulloso de cómo estás trabajando tanto en tus cosas de internet como en la universidad —dijo mientras se acercaba a mí—. Pero es innegable que hay algo distinto en ti. Y no sé si serán las redes o el cambio a la universidad, pero...

Me vibró el pecho.

¡Para! ¡Haz que pare!

—No nos merecemos esto que acabas de hacer, Nino —dijo mi padre—. Ninguno de los tres. Por respeto a lo que somos.

¿Respeto? ¿Habla de respeto? ¿Y qué hay de respetar tus decisiones? ¿Tu dinero? ¿Tu forma de ser? ¿¡Qué hay de eso!?

—Por respeto a lo que somos —conseguí balbucear entre dientes—, lo mejor será que me vaya.

89 mil seguidores

No existe un hasta luego.

240 Unos días antes de Nochebuena, recibí este mensaje privado en mi cuenta de Instagram.

Hola, Nino. ¿Qué tal? Por lo que veo en redes, te va estupendamente; me alegro mucho. Perdona que te escriba por aquí, pero no sé si te llegan mis mensajes por WhatsApp o... no quieres contestarme.

Kike está aquí en Madrid, pasando las navidades conmigo y su familia. Nos gustaría verte. Hace mucho que no sé de ti y me daría mucha pena que esto se enfriara por una tontería. Porque lo que pasó fue una tontería. Echo de menos a mi amigo. A mi mejor amigo.

Llevo tiempo dándole vueltas a lo que nos ha pasado y me da mucha pena. No quiero insistir más porque me siento un poco tonta cada vez que te escribo y no me contestas. Por tanto, este va a ser mi último mensaje. Si no me dices nada, entenderé que nuestros caminos se han separado.

Aferrándome a la esperanza de que esta no sea una despedida silenciosa y vacía, te quiero desear una muy feliz Navidad y un próspero año nuevo. Ojalá podamos cerrar este año solucionando las cosas.

Un beso grande,

Leti.

En Instagram, si alguien al que seguía me escribía y yo veía dicho mensaje, a la otra persona le avisaba de que lo había leído. Así que ya no tenía forma de huir de Leti. Pinché en su perfil y empecé a echar un ojo a las últimas fotos que había subido. Seguía teniendo como foto principal la que le hice aquella tarde paseando por el parque del barrio. Me centré en sus publicaciones. En algunas salía con personas que no conocía pero que, deduje, eran sus nuevos compañeros de clase. No faltaban sus elegantes selfis en los que jugaba con la luz. Y también tenía varias en Islandia con Kike, compartiendo su relación con el resto del mundo.

Sentí una nueva punzada de dolor en la boca del estómago y una presión en el pecho que era muy distinta a la que experimentaba cuando *Él* aparecía. Me tomé unos segundos para debatir conmigo mismo si contestaba o no a mi amiga (si es que podía seguir llamándola así). Si le escribía, implicaba quedar con ella y con Kike, y... ¿me apetecía? ¿Me apetecía verles? ¿Recuperar lo que éramos? No, aquello era irrecuperable. Los tres habíamos cambiado, y aunque me sentara con ellos a hablar las cosas...

La pantalla del móvil se apagó. En su lugar, apareció mi rostro reflejado. Oscuro. Sombrío.

Lo siguiente que hice cuando desbloqueé el teléfono fue dejar de seguir a @Letiembre y @KikeOlympus.

Volví a bloquear el móvil, suspiré y seguí grabando mi nuevo experimento de temática navideña para una campaña por la que me iban a pagar más de cuatro mil euros.

Un par más de estas y nos largamos de aquí.

Le escuché decir aquello mientras miraba el cuarto en el que había pasado toda mi vida. Quizá, aquel fuera un buen regalo de Navidad. ¡Cualquier chico de mi edad soñaría con ganar tanto dinero! Pero yo, que seguía empeñado en tirar millas sin echar la vista atrás, me aferraba en construir un futuro que empezaba a no saberme a nada.

Sacudí mi cabeza. Volví a desbloquear el móvil e hice una foto a la mesa de laboratorio en el que se podía apreciar la temática navideña del futuro vídeo.

¡Estoy preparando un nuevo experimento! ¿Qué creéis que puede ser? ¡Os leo!

Y así, durante un par de horas, me olvidé de que había decidido aparcar la amistad más pura y bonita que la vida me había regalado: charlando con unos perfectos desconocidos que, de una extraña manera, construían mi utópico e (im)perfecto universo.

102 mil seguidores

No se me ocurre mejor lugar
para celebrar que somos más de CIEN mil.

Hasta entonces, el lugar más alejado en el que había estado era la isla de Tenerife. En mi vida había salido de España. Bueno, miento. Hubo una vez que, de camino a la ciudad de Ayamonte, en Huelva, mi padre se pasó la salida con el coche y acabamos entrando en Portugal. Nos dimos la vuelta en el primer cambio de sentido que vimos y regresamos a territorio español como si nada. Esto es algo que no suelo contar porque es muy triste decir que la primera vez que estuve en suelo extranjero fue por culpa de mi padre y su mala interpretación del GPS.

—Buenos días, señores pasajeros. El comandante y todos nosotros les damos las gracias por elegir este vuelo con destino a Punta Cana.

Y allí estaba. A punto de cruzar el Atlántico con Carly para acompañar a Pepu y Linda a ver el negocio que querían montar en la isla caribeña. Cuando me comentaron en la fiesta de presentación que nos querían llevar a su negocio vacacional, en mi cabeza me imaginé un chiringuito en Benidorm o en la Costa Brava como mucho.

Jamás se me habría ocurrido pensar en un sitio al otro lado del charco. John y Raquel eran las otras dos afortunadas personas que acompañaban a los dueños de @Trufitos en aquel exclusivo viaje.

—¿Estás nervioso? —me preguntó Carly juguetona—. ¿Al científico le da miedo volar?

—¿Qué? No, ¿qué dices? ¿Por qué me iba a dar miedo volar? —contesté, intentando disimular el festín de nervios que tenía por dentro.

Lo mío era la química. Entender cómo un trasto de metal tan grande, pesado y lleno de gente puede ir tan rápido y tan alto se lo dejaba a los físicos. Después de casi nueve horas de vuelo durante las que pude dormir de mala manera y ponerme al día con algunas películas que se nos ofrecían en el avión, llegamos a nuestro destino. Febrero era la temporada alta de aquel lugar frecuentado, sobre todo, por estudiantes. Así que nos esperaban siete días llenos de buen ambiente, sol, playa y un montón de actividades y sorpresas de las que aún no era consciente.

Nada más llegar al lujoso complejo hotelero, nos recibió el mismísimo gerente y nos dio un *pack* de bienvenida a cada uno con nuestra tarjeta para la estancia (todo incluido, por supuesto), varios panfletos publicitarios del resort y un desglose con los horarios de las actividades que habían preparado, en exclusiva, para nosotros. Aquel kit solo se lo daban a periodistas a los que contrataban para hacer reseñas del hotel, por ejemplo. Era algo bastante exclusivo porque, mientras que el resto de seres humanos tenían que pagar por las acividades extra, a nosotros se nos incluía todo lo que quisiéramos.

Las cinco estrellas del complejo hotelero estaban más que justificadas. El edificio principal se encontraba pegado a una playa de arena blanca con aguas turquesas, rodeada de palmeras y vegetación autóctona, que hacían del lugar un auténtico paraíso. Techos altos, estancias gigantes, decoración caribeña... Cada rincón estaba cuidado y pensado al mínimo detalle. Pero, sin duda, lo mejor era la gigantesca piscina que se encontraba al lado de la playa, con multitud de formas y puentes que te llevaban de un lugar a otro. Tenía zonas de *spa* con burbujas, una parte con toboganes y trampolines que daban a la zona más profunda y ¡hasta un bar en mitad de la laguna!

Había cientos de hamacas repartidas a lo largo de la piscina, con zonas reservadas para los clientes más exclusivos que se habían permitido el lujo de pagar las *suites*. O para gente como nosotros. Porque, directamente, nos habían puesto a cada pareja en una *suite*. Estas habitaciones tenían un acceso privado a la piscina y a la propia playa, estaban alejadas del resto y lucían una decoración mucho más cuidada y personalizada que el resto de estancias del hotel. Teníamos un enorme salón, una preciosa terraza con vistas al mar y una habitación con una cama en la que podíamos dormir toda mi familia juntos sin molestarnos. ¡Ah! Y el retrete del inmenso baño tenía luces de neón personalizables.

—Aún no sé si me encanta o me parece lo más hortera que he visto en mi vida —confesé.

Sobre la cama, descansaba una cesta de bienvenida en la que pude entrever una botella de Möet, *snacks gourmet*, bombones y un montón de detalles más que me hacían sentir millonario.

La vida que tuve durante aquellos días en Punta Cana era la de cualquier rico: comíamos en zonas reservadas, teníamos hamacas para nosotros, camas exteriores que ningún otro cliente utilizaba... Hasta la propia zona de playa estaba alejada de la del resto de huéspedes. Podíamos comer y beber lo que quisiéramos: desde refrescos hasta los cócteles más elaborados. Y en cuanto a las actividades, todos los días hacíamos algo distinto: ruta en kayak por la costa, paseo en motos de agua, submarinismo con unos modernos trajes de buzo que nos permitían hablar entre nosotros debajo del agua, paracaidismo acuático... Incluso pudimos hacer un par de excursiones: una en catamarán recorriendo la costa y otra adentrándonos en la selva para descubrir una preciosa cascada que dio para una estupenda sesión de fotos.

Obviamente, el móvil era un invitado más en aquel viaje. Documentamos toda nuestra estancia mencionando el hotel y la compañía que nos organizaba las actividades. La gente se volvía loca con cada cosa que subíamos. Me costaba mucho entender que aquel contenido enganchara a miles de personas. Me sentía parte de una serie de televisión en la que yo era un personaje más y todo el mundo veía aquello como una ficción. Recibíamos mensajes admirándonos, odiándonos, opinando sobre nuestra vida, nuestras relaciones... Desde que Carly y yo hicimos público nuestro romance, los fans nos escribían diciendo que *Carlino* (una original forma de unir los nombre de Carly y Nino) era lo mejor que les había pasado.

—¿Te agobia? —me preguntó Carly un día en la piscina del hotel cuando me descubrió leyendo comentarios de una foto que había publicado de nosotros en plan romántico en la cascada a la que nos habían llevado.

—Me... impacta —confesé—. Me está escribiendo gente por privado diciéndome que, y cito textualmente, «sois lo mejor, me habéis cambiado la vida». ¿Cómo hemos podido cambiar la vida de alguien?

—Son mensajes aspiracionales.

—¿A qué te refieres?

—A toda esta gente que nos escribe con mensajes como *me alegro un montón por ti, tía;* o *te lo mereces*; o *eres la mejor, te quiero*. Son gente que, en el fondo, anhela tener esta vida que enseñamos. Desean estos lujos, este reconocimiento.

—Pero esto es... mentira —filosofé—. Es decir, ¡esto no lo hemos pagado nosotros! ¡No es real! Ni siquiera sé si alguien que tenga dinero puede vivir la misma experiencia que estamos viviendo nosotros.

—No, no pueden. Pero ellos no lo saben —contestó tajante—. ¿Sabes por qué nos invitan y nos pasean de un lado a otro? Porque somos el anzuelo, Nino. Ya te lo dije: servimos para pescar a la gente.

—Es una forma muy frívola de definir esto.

—Es la realidad —continuó mientras se incorporaba en la hamaca, sacaba su móvil y cambiaba el gesto para hablar a sus seguidores—: ¡Holis! Aprovechando que estos días estoy tomando mucho el sol, ya sabéis que me encanta cuidar mi piel. Los amigos de SunSkin también lo saben y me han enviado una bla, bla, bla... —sentenció volviendo a su semblante natural, torciendo el gesto y resoplando—. Nada es casual.

—Lo dices como si te molestara —comenté incorporándome.

—Estoy un poco cansada, no te voy a engañar. Ahora tengo veintidós años, pero... ¿qué haré con treinta? ¿Seguiré haciendo esto? ¿Y con cuarenta? —Me agarró el mentón y sonrió—. Las redes son muy volátiles porque la audiencia cambia en cuestión de meses. A los que les encanta lo que hago hoy puede que el año que viene me hayan dejado de seguir. Y puede ser por muchos motivos, claro: que crezcan y consuman otro tipo de contenido, que dejen de meterse en redes, que directamente no les aporte nada...

—Nunca me había planteado todo esto desde ese prisma —confesé.

Carly me sonrió con ternura, como quien mira a un niño pequeño que ha abierto emocionado un regalo de Reyes y no se ha encontrado lo que había pedido en su carta.

—Tú disfruta de esto, Nino. Y disfruta del contenido que haces. ¿Sabes cuál es el secreto de esto y de la vida en general? Ser honesto contigo mismo. Porque si lo haces, erás honesto con el resto de personas que te rodean. Y on todos esos números que tienes en el móvil.

En la penúltima noche de nuestro viaje, el hotel nos reparó una despedida de ensueño con una única condición: el código de vestimenta tenía que ser con camisa lanca, al más puro estilo ibicenco. Al atardecer, cerraron na de las playas solo para nosotros seis, con un pequeño óctel y música en directo; todo ello rodeado de antorchas cómodos pufs de playa sobre los que no dudamos en umbarnos y disfrutar de las últimas horas en aquella isla.

Fue entonces cuando, después de cenar, los animadores del hotel nos ofrecieron un espectacular número leno de malabares, fuego, luces, percusión... No dudé en grabar a toda aquella gente que estaba actuando únicamente para nosotros, mientras que el resto de los huéspedes del hotel estarían, o bien en la discoteca, o retirados en sus habitaciones. Pepu y Linda se pusieron en pie después del *show* y decidieron dedicarnos unas palabras.

—No sabéis lo felices que nos hace que nos hayáis acompañado en este viaje —confesó Linda—. Os queremos anunciar que desde hace unas pocas semanas, Pepu y yo somos copropietarios de este resort.

Todos aplaudimos emocionados y brindamos con champán a su salud.

—¡Gracias, amigos! —continuó Pepu—. Tenéis aquí un rinconcito para escaparos siempre que queráis. No puedo sentirme más afortunado por teneros en mi vida y sobre todo —se giró hacia Linda—, por tenerte a ti, mi amor.

En ese momento comenzó a sonar un violín de fond y las luces de las antorchas se fueron atenuando poco poco. Me di cuenta de que había un par de cámaras gra bando todo el discurso en la parte de atrás de donde es tábamos.

—Soy el hombre más afortunado del planeta. Que m hayas elegido es..., es lo más mágico que me ha podid pasar. A veces me cuesta asimilar todo lo que hemos vivi do, los viajes que hemos hecho juntos, pero...

—Ay, Dios, Pepu —suspiró Linda, emocionada, a borde del llanto.

Las estrellas del firmamento parecieron multiplicars parpadeando y, de repente, ¡se empezaron a mover! Er como si estuvieran formando, ¿una figura?

—Hay un viaje que quiero empezar contigo. Un via je que quiero que sea eterno. Quiero vivir esta vida con tigo, a tu lado. Así que, tengo que preguntártelo, Linda delante de nuestros mejores amigos como testigos —dij mientras se arrodillaba y en el firmamento se formab la misma pregunta que Pepu lanzó—: ¿Quieres casart conmigo?

En el momento en el que Linda asintió emociona da, con su rostro lleno de lágrimas, los drones que ha bía confundido con estrellas se apagaron para dar pasc a unos fuegos artificiales que salieron del mismísimc océano, al ritmo de una preciosa melodía que sonaba pol los altavoces.

¡No daba crédito a lo que estaba viendo! Todos nos emocionamos y disfrutamos de aquella espectacular edida de mano. Me impactó mucho que aquellas dos ersonas quisieran compartir conmigo un momento an mágico y tan especial; un momento tan íntimo y ersonal del que, en cierto modo, me hicieron partícipe l hacerme testigo. Pero, por otro lado, no podía evitar ecordar las palabras de Raquel respecto a la relación ue tenían @Trufitos y sus serios semblantes por culpa e las discusiones que tenían como pareja. ¿Sería aquea pedida un órdago por parte de Pepu? ¿O quizá todo eguía siendo una pantomima para sus seguidores?

No era mi problema, así que me limité a seguir disrutando de la noche. Continuamos bebiendo y bailano, celebrando la futura unión de aquellas dos personas ue, al día siguiente, serían noticia en varios medios. 'or favor, ¡si hasta mi nombre apareció en aquella notiia! Fue la primera vez que me vi en una nota de prena de un periódico nacional: «La pareja de influencers Trufitos se dan el sí quiero en el Caribe en compañía le sus amigos @DohnCabreado, @Carly_Amaretto y NinoPardino».

¡Aquello era surrealista! El vídeo de la pedida se colgó a misma semana y fuimos tendencia durante un día entero, como si HBO hubiera emitido el último capítulo de ına temporada.

En aquella última noche, antes de que nos despidiéramos y volviéramos a nuestras respectivas habitaciones, quise dar un paseo con Carly por la playa. Los dos solos. Sin cámaras, ni móviles. Aquello a lo que, hace unos meses, yo llamaba intimidad.

La luna llena nos iluminaba el camino y el sonido d las olas rompía el silencio entre nosotros.

—Se ha hecho corto —confesó Carly en un suspiro— Lo bueno siempre se acaba.

—No hemos parado, así que es normal que el tiemp se nos haya pasado tan rápido.

—¿Acaso tienes una teoría del espacio-tiempo detrá de esto, señor científico? —me dijo coqueta.

—Puede ser... —contesté yo siguiéndole el juego llevándola a mi cintura para darle un beso—. Oye... Ha algo que quería preguntarte...

—Oh, Dios mío. ¿¡Dónde están los drones!? —fingi bromista, ante la posibilidad de que le estuviera pidiend matrimonio.

—¡Ay, para! Déjame hablar —contesté tímido—. H estado pensando que... Bueno, yo me voy a ir de casa d mis padres en breve porque... Ya sabes, las cosas con ello no... No nos entendemos, vaya. Y no sé si... contempla que vivamos juntos.

Volví a escuchar únicamente el sonido de las olas Carly se quedó callada, observándome. Después miró a l luna, suspiró y se separó de mí. Me preparé para recibi la negativa.

—Nino... —empezó, dubitativa, mientras volvía a pasear—. No me malinterpretes, pero... me gusta vivi sola. Y no creo que tú y yo estemos preparados todavía para compartir una vida juntos.

A pesar de que sus palabras salieron con un tono de voz tan empático y suave como la seda, para mí

ueron lo más parecido a cuchillos helados atravesán-
dome.

—Conozco esa mirada... —continuó ella acercándose mí—. Y no. No quiero que te montes películas. Te quie-o. Eso es un hecho. Pero quiero también mi independen-cia y mi espacio. He trabajado mucho y muy duro para estar donde estoy y...

—Y no quieres que nadie te lo estropee. Vale, lo he pillado —dije despechado.

—No te enfades... —me pidió igual de amable—. Deja que las cosas fluyan. Por favor, Nino, vas a cumplir diecinueve años. ¿No crees que hay mucho que hacer an-tes de vivir juntos?

—Pues no lo sé, la verdad. Desde que estoy en este mundo tan volátil, intento vivir las cosas sin pensar mucho.

Carly me volvió a sonreír y me dio un tierno beso en los labios mientras su mano acariciaba mi imberbe mejilla.

—No quiero que lo nuestro sea volátil —sentenció.

Y aquello, en principio, me convenció. Y digo en principio porque... ¿era el verdadero motivo por el que Carly Marchetti no quería que me fuera a vivir con ella?

Del mismo modo que yo tenía secretos, ¿qué clase de cosas me ocultaba mi novia?

125 mil seguidores

Hay un misterio que nadie puede desvelar.

Las redes son una utopía envenenada. Y, de todas ellas la más venenosa es Twitter.

Twitter es un gallinero en el que todo el mundo cree y quiere tener la razón. Un lugar en el que lo más importante es subrayar quién eres tú y quién es tu enemigo. Un infierno en el que se enfrentan hombres y mujeres, heterosexuales y homosexuales, rojos y azules, agua y fuego, pelotas y balones, pizza con piña y sin ella. Twitter es una moneda que se mueve por culpa de sus dos caras contrapuestas y su existencia depende del enfrentamiento en vez del entendimiento. Y, como dijo Salvador Dalí, da igual que sea bien o mal, lo importante es que hablen de ti.

Lo que empezó siendo una estupenda herramienta informativa se ha acabado convirtiendo en algo que hay que saber manejar para no caer en su ponzoña. Pero todos tenemos Twitter. Porque ahí es donde se cuece la mierda. Y al ser humano le encanta opinar sobre la mierda, comerse la mierda del resto y que el resto se coma la suya. Y la clave es ser consciente de esto porque así puedes utilizar Twitter a tu favor.

En mi caso, lo hice cuando llegué a los 120 mil seguidores.

> Hay un misterio que nadie puede desvelar:
> la identidad de @MaximoosLife.

Aquello generó un poco de revuelo tanto en la propia red como dentro de mi agencia. Yo no lo hice con ninguna maldad, claro. Pero, por un lado, la gente se pensó que estaba siendo irónico y que iba a desvelar la identidad del famoso *influencer*. Raquel, por su parte, no dudó en llamarme por teléfono para darme una reprimenda y pedirme que borrara el tuit inmediatamente:

—La principal regla de esta casa es que no podemos mencionar nada de la identidad de Maximoos.

—Eso no lo sé si no me lo decís —protesté.

—No pasa nada por esta vez, Nino. Pero, la verdad, nos ha sorprendido el tuit. ¿Qué pretendías?

¡Saber quién es @MaximoosLife!

—¿Quién es? —pregunté sin rodeos.

—¿A qué viene tanto interés? —me contestó ella.

—Bueno, comparto agencia con él. Creo que tengo derecho a saber...

—Nino, para el carro —me interrumpió riéndose—. No te equivoques: compartir agencia con una de las celebridades más grandes de internet no te da derecho ni a ser su amigo ni a saber quién es.

Te está esquivando... ¡Lo sabe!

—Me da la sensación de que todos sabéis algo que yo no sé y... no me gusta que se me oculte información.

Noté cómo Raquel suspiró al otro lado del teléfono.

—Escucha, Nino, sé que Carly y tú no estáis pasando por vuestro mejor momento desde la vuelta de Punta Cana y...

—¿Cómo? —pregunté sorprendido.

Vale. Desde que tuvimos aquella conversación sobre vivir juntos, los dos estábamos un poco distantes, pero... ¿cómo que no estábamos «pasando por nuestro mejor momento»?

—Eso es personal —contesté tajante.

—Lo sé y te pido disculpas. Si me estoy tomando la licencia de decirte esto es porque..., porque te noto muy alterado. Sé que dentro de nada tenemos tu gran *show* y... —Se detuvo de repente—. Un momento. No habrás puesto el tuit para invitar a Maximoos, ¿verdad?

No lo había concebido de aquella manera, pero... a falta de pan, buenas eran tortas.

—Bueno..., si supiera quién es, podría invitarle personalmente y...

—¡Avelino Pardino! —volvió a interrumpir Raquel entre risas—. ¡Si solo buscabas eso, habérmelo dicho desde el principio! A Max le encanta lo que haces y tenía pensado asistir. No te digo más.

—¿En serio? —pregunté confuso.

—¡Claro! Le encanta la iniciativa que tienes.

—Entonces..., ¿habéis hablado de mí?

—No sé qué te ha dado con @MaximoosLife, chico. Pero, si lo que te preocupa es que no vaya a tu *show*, puedes estar tranquilo: tiene la fecha apuntada en la agenda. ¡Toda la agencia la tenemos!

Estaba muy nervioso por aquel espectáculo que había montado. No sabía de qué manera la ciencia y lo vistoso podían congeniar. Quería alejarme del concepto de magia e insistí a Raquel en que no se vendiera como un espectáculo de ilusionismo, sino de ciencia.

Preparar aquel *show* fue un auténtico quebradero de cabeza. Empecé revisando todos los experimentos que había colgado en mis redes: cuáles habían funcionado mejor, los que la gente había hecho por su cuenta, etc. Después pensé en nuevas ideas que pudiera llevar a cabo en un escenario y que sorprendieran al público. Todo ello tendría que tener algún hilo conductor, una historia. ¿Qué podría contar? ¡Cómo eché en falta a Kike y Leti en aquel momento! Ambos tenían mucha creatividad e imaginación, y seguro que me hubieran ayudado a pensar en nuevas ideas y formas de llevar el *show*.

Necesitaba ayuda. Algo así como un maestro de ceremonias que hiciera también de asistente. Una persona que se desenvolviera bien delante del público, que no tuviera pánico escénico, pero que tampoco me quitase el protagonismo.

Alguien como Marchetti.

El gran teatro Walli Calderón abrió sus puertas hora y media antes de que empezara la función. En un principio, solo habían habilitado los asientos de platea, pero como se vendieron todas las entradas a una semana de la fecha del espectáculo, el teatro decidió abrir las butacas de la primera planta. ¡No daba crédito a aquello! ¿En qué

momento me había convertido en alguien con tal pode
de convocatoria?

Las semanas previas al estreno, estuvimos ensayando
todo el espectáculo con el equipo técnico para probar e
juego de luces y música. Y, aunque algunas cosas no me
terminaban de convencer, tenía un buen sabor de boca
de cara a la única función que iba a hacer.

Solo faltaba una cosa antes de subirme al escenario
beberme un poco del brebaje que le daría un poco más
de control a *Él*. No quería correr el riesgo de quedarme
en blanco y que el pánico escénico me dominara en pleno
espectáculo. Así que ingerí un par de gotas más de las
que solía tomar. Ya conoces el dicho: más vale prevenir que
curar.

—¿Nervioso? —me preguntó Marchetti con una voz
algo temblorosa.

Me crují el cuello, dejando que las sensaciones que *É*
me provocaba fueran invadiendo cada vena y capilar de
mi cuerpo. Una sensación de frescor comenzó a subirme
desde la boca del estómago hasta la garganta para des-
pués desandar el mismo camino provocando un efecto de
calor que acababa recorriéndome por dentro.

—¿Me ves nervioso? —dije tranquilo.

—Pues yo... ¡estoy como un flan, tío! —me confesó
mientras se hurgaba los bolsillos inquieto. Después, se
aseguró de que nadie nos veía y sacó una pequeña bolsa
de plástico con unas pastillas de color blanco—. ¿Quie-
res? —me preguntó en un susurro.

Comencé a reírme.

—Vaya, vaya... Así que el dicharachero de Marchetti no es tan dicharachero sin..., ¿qué es esto exactamente? —dije con un punto de arrogancia mientras arrugaba el morro.

—Venga, Nino, no me jodas. ¿Quieres o no? —preguntó alterado.

—No, no me hace falta —le contesté mientras le daba la espalda para acicalarme.

Llevaba una camiseta negra con un pantalón vaquero pitillo y por encima una rebeca larga que simulaba la típica bata blanca de laboratorio, pero mucho más elegante. Mis gafas graduadas y un peinado desenfadado pero sin dar el toque de científico loco terminaban de formar el *look*.

—No quiero que pienses que tomo de esta mierda siempre, ¿vale? Es solo... cuando estoy nervioso. ¡Y quiero estar al 100 % en esto! ¡Te lo debo!

—Marchetti, no hace falta que me des explicaciones. No te las he pedido —dije, indiferente, atusándome el pelo—. Haz lo que te dé la gana, siempre que hagas bien tu trabajo.

Mi fiel lacayo se metió una pastilla en la boca y se la tragó sin decir nada.

—¿Listo? —pregunté.

En cuanto salimos del camerino, la regidora del espectáculo nos condujo hasta el escenario. Marchetti comenzó a dar saltos nerviosos, agitando los brazos de un lado a otro, como si fuera un futbolista que se prepara para salir al campo. Se crujió el cuello, resopló y después me lanzó una mirada cómplice con un guiño, avisándome de esta forma de que estaba preparado para cumplir con su parte del espectáculo.

Verle de aquella manera me recordó a mí cada vez que ingería la poción. Cada uno teníamos nuestras ayudas para apagar el miedo interior que nos invadía. El miedo a quedar en ridículo, a no llegar a donde teníamos que llegar. Por primera vez en mi vida, me sentí identificado con Marchetti. ¿Cómo le sentaría a él la poción si la bebiera?

Las luces se apagaron. El público comenzó a aplaudir y vitorear. Marchetti salió a un escenario a oscuras y, en cuanto estuvo en posición, un foco se encendió sobre él.

—¡Damas y caballeros! —comenzó—. ¡Bienvenidas! ¡Bienvenidos! No están preparados para esta noche. ¡No lo están!

El chaqué que llevaba, así como el sombrero de copa que lucía, le daban el aspecto del típico maestro de ceremonias del circo. Marchetti se desenvolvía de maravilla en el escenario. Tan bien como aquella vez en la cafetería de la universidad cuando se subió a una de las sillas y pidió la atención de todos los presentes. Proyectaba su voz, emocionado por su momento de fama, por acaparar todas las miradas y ser el centro de atención durante unos minutos.

—¡Esta noche dejarán de creer en la magia y lo harán en la ciencia! —gritaba—. ¡Y lo harán gracias al científico más prometedor que ha visto este país! ¡Un chaval con el que he tenido el honor y placer de compartir no solo los años de colegio, también los de la universidad!

El público le acompañaba con silbidos, gritos de júbilo, aplausos espontáneos. Miré por un hueco detrás del telón para ver la cantidad de gente que había. Únicamente pude ver las primeras filas, completamente llenas, porque el resto del patio de butacas estaba a oscuras por culpa de los focos de luz que nos deslumbraban. Allí abajo pude reconocer a Carly, mi familia, Raquel, los @Trufitos... ¿Estarían Kike y Leti también? ¿Sabrían que iba a hacer aquel espectáculo? Una parte de mí quiso imaginarlos en aquellas butacas. Expectantes, emocionados, orgullosos de mí, de mi amistad, de...

¡Basta! ¡No estropees el momento! Deja de pensar en tonterías y mira quién más ha venido a verte...

¡Maximoos! Sentí una punzada de excitación que me hizo sonreír, como si el orgullo fuera a ser el protagonista de aquel gran momento. ¡El mayor *influencer* estaba ahí! ¡A punto de verme brillar!

—Esta noche verán al chico que es capaz de utilizar los cuatro elementos a su antojo. Verán al muchacho que eleva la ciencia a un nivel superior. Y, por mucho que les cueste creerlo, este joven no es un mago... ¡Es un científico! —coreó, orgulloso, para después anunciar *in crescendo*—. Quiero que todos ustedes den un fuerte aplauso de bienvenida al único, al inigualable, al magnífico... Ninoooo... —hizo una pequeña pausa mientras alargaba la última vocal y señalaba con el dedo al extremo del escenario donde me encontraba—. ¡Pardino!

Aquel tsunami de gritos y aplausos que iba cogiendo fuerza con las palabras de Marchetti estalló en cuanto pisé el escenario y fui iluminado por varios focos. La música comenzó a sonar y empecé a hacer mi «magia» en la gran mesa de laboratorio que había en el centro del escenario. Una cámara grababa de cerca todo lo que hacía y lo proyectaba en una pantalla grande para que todo el público pudiera ver bien los experimentos.

Y entre probetas, compuestos, malabares y juegos de luces, transcurrieron casi noventa minutos de espectáculo en los que no solo me limitaba a hacer los experimentos, sino también a explicarlos y a hacer partícipe al público de ello.

—Estoy aquí gracias a vosotros. Gracias al poder de las redes —anuncié en un momento—. Por eso quería que, de alguna forma, vosotros también estuvierais presentes aquí arriba. Hemos creado un *hashtag* oficial para que podáis mandarme propuestas y peticiones que mi equipo seleccionará y haré aquí mismo delante de vosotros. Así que, ¿qué es eso de «por favor, apaguen sus teléfonos móviles»? ¡Sacadlos!

Cuando el espectáculo llegó a su fin, todo el mundo se puso en pie a aplaudir. Marchetti y el equipo hicieron una primera reverencia y después salí yo para hacer lo propio, poniendo punto y final a aquel *show* que acabó con un ramo de flores que me entregó Raquel encima de un acalorado escenario. Más fotos, aplausos y gritos que coreaban mi nombre.

—¡Nino! ¡Nino! ¡Nino!

Y allí, en primera fila, de pie y con su vista fija en mí, bajo su peculiar máscara romana, se encontraba el enigmático @MaximoosLife. Unas horas más tarde, pondría en Twitter:

> ¡Enhorabuena, @NinoPardino! ¡Qué maravilloso show nos has regalado! ¡Gran científico y artista! ¡Me ha encantado! ¡BRAVO!

Y, fíjate si le gustó, que un mes más tarde el mismísimo @MaximoosLife decidió copiarme y empezar a hacer sus propios espectáculos con luces, música y... ¿magia?

149 mil seguidores

¡Ya casi somos 150 mil!
¿Me ayudas con un RT para llegar a ello? 😇

Independizarme de casa de mis padres fue el regalo que me hice por mi decimonoveno cumpleaños. Todavía me costaba asimilar que solo hubieran pasado doce meses entre aquel tímido chico que acababa de llegar a la mayoría de edad y el @NinoPardino que llenaba teatros con su espectáculo de ciencia.

—No te vas a librar de mis croquetas tan fácilmente —me dijo la abuela mientras dejaba sobre la cocina una bandeja de aquel manjar, listas para freír—. Qué cocina más chiquitina, hijo.

Como Carly no quería vivir conmigo, y yo no estaba dispuesto a seguir con los encontronazos que tenía con mis padres, decidí alquilarme un pequeño apartamento en el propio barrio. Podría categorizarse como un estudio de no ser porque el dormitorio estaba separado del resto de estancias y, aunque no fuera muy grande, tenía todo lo que necesitaba para mí y mis experimentos.

—¡Si ni siquiera tienes horno! —exclamó mi abuela horrorizada—. Me cuesta mucho entender que estés mejor aquí que en casa.

—Abuela..., ya lo hemos hablado. Tengo que empezar a hacer mi vida.

—¡Pero si no tienes ni veinte años!

—Mamá..., ya vale —intervino mi madre—. Es su decisión. Además, estamos a diez minutos andando. Si te da la morriña de ver a tu nieto, te das un paseo y listo.

Contesté aquel comentario con una sonrisa forzada tras la que escondía la poca gracia que me hacía imaginar a mi abuela visitándome todos los días.

—No hace falta que te recuerde que tienes las puertas abiertas. Siempre será tu casa, ¿vale? —me dijo mi madre, con un semblante serio y dolido mientras me daba un beso en la mejilla—. Ale, vámonos que tenemos a tu yerno esperando en doble fila.

—Gracias, mamá —me limité a decir.

Mi marcha de casa no les hizo ninguna gracia a mis padres. En aquel momento, pensé que era por una cuestión de orgullo: su hijo ganaba más dinero que ellos y no les hacía gracia la independencia y el estilo de vida que me podía permitir. ¡Qué equivocado estaba!

Desde que desperté a aquel extraño que vivía dentro de mí, comencé a apartar de mi vida a todas aquellas personas que siempre me habían querido y rodeado. ¡No era consciente de ello! Pensaba más en la traición, la envidia y el orgullo. Pero la verdad es que ni mis mejores amigos ni mis padres me habían reprochado en ningún momento nada acerca de mis decisiones como científico *influencer.* Todo lo contrario: siempre me habían apoyado. Alguien que te quiere tiene la capacidad de decirte las cosas que no quieres oír en el momento en el que debes oírlas. Y supongo que por eso los aparté. Porque no sumaban a mi perfecta utopía virtual. Del mismo modo, deduje que les asustó ver la otra cara que escondía mi interior, aquel otro Nino que, de repente, tomaba el control de la situación y solo pensaba en su ambición y satisfacer su ego.

¡Qué peligroso es el ego!

Cuando lo alimentas más de la cuenta, empieza a crecer, te demanda más atención y la sensación de que te quedas insatisfecho y con hambre se multiplica. El ego es una pirámide invertida infinita en la que cada escalón que subes te pide más atención. ¿Por qué conformarte con lo que ya has vivido cuando puedes estar más arriba? Este es el cáncer y la ponzoña del ego.

Celebré una pequeña fiesta de inauguración en mi piso que coincidió también con la de mi cumpleaños. Vinieron Carly, Marchetti, Raquel, John, Pepu y Linda. Y si no invité a más gente fue porque no entrábamos en mi humilde hogar. Pedí unas pizzas para todos (con su opción vegana, por supuesto) y compré refrescos y cervezas. A cambio, mis amigos me regalaron varias cosas que servían más para mi nuevo hogar que como regalo de cumpleaños: una cafetera automática, un robot inteligente de cocina y un lienzo con una fotografía impresa de la noche en la que hice mi espectáculo de ciencia.

—¿No te has planteado hacer más? —me preguntó John—. Ahora que Maximoos lo ha vuelto a poner de moda, quizá puedas llenar otro teatro.

¿Ponerlo de moda?

Me entró la risa. ¡El que lo había puesto de moda había sido yo! ¡El maldito Maximoos me copió tanto la idea del *show* como la estructura! Solo se diferenciaba en que sustituía la ciencia por colaboraciones gordas con amiguitos suyos que cantaban, bailaban y contaban algún chiste. Y, por supuesto, tenía más funciones porque era el gran @MaximoosLife, con más de un millón de seguidores.

Observé a cada uno de mis invitados. Estudié cómo hablaban de Maximoos, lo mucho que le admiraban e idolatraban. Que el *influencer* más grande de la agencia no compartiera eventos privados con nosotros, que no viniera a nuestras fiestas y reuniones me hizo plantearme si alguno de mis invitados conocía su identidad.

—¿Le habéis visto alguna vez sin la máscara? —pregunté sin rodeos.

Las risas se apagaron y el silencio fue el protagonista durante unos segundos.

—No —contestó Carly—. Ninguno de nosotros le ha visto nunca la cara.

—¿Ni siquiera tú, Raquel? —pregunté sorprendido.

Ella negó con la cabeza.

—¿Y cómo sabéis que es el verdadero Maximoos quien se encuentra ahí debajo? Si no sabéis qué cara tiene, cualquiera podría hacerse pasar por él, ¿no?

—Cada vez que tenemos que hacer una acción con Maximoos es la agencia quien nos lo envía, directamente.

—O sea, que ellos sí que saben quién es —pregunté ansioso.

—Si con «ellos» te refieres a mis jefes, sí: las únicas personas que saben quién es @MaximoosLife son ellos —me explicó Raquel.

—Oye, ¿os funciona bien Instagram? —intervino Carly, cambiando completamente de tema—. He subido una foto hace media hora y me da la sensación de que no está llegando a todos mis seguidores.

—¡Bueno! Lo mismo le he dicho a Pepu antes con los *stories*, tía. ¡No los está viendo casi nadie! ¡No están llegando ni a las dos mil *views*! —dijo Linda indignada.

Me resultaba bastante absurdo que mis amigos de @Trufitos consideraran que dos mil personas eran sinónimo de «casi nadie». Cuando te acostumbras a ver más de ocho o diez mil visualizaciones por cada historia de Instagram, cualquier número inferior te parece poco. Así que, cuando la aplicación hacía de las suyas y no daba los números a los que solían estar acostumbrados, en el fondo, respiraban tranquilos porque no era culpa suya. No es que la gente se aburriera de su contenido o que empezaran a caer en el olvido: es que el maldito Instagram no compartía su contenido como se merecía y el algoritmo les estaba fastidiando las estadísticas.

—Yo siento que estoy dejando de crecer —confesé—. Si antes conseguía diez mil seguidores en menos de una semana, ahora me cuesta conseguirlos un mes...

—Es normal, Nino. ¡Tú has dado un petardazo! —me dijo Raquel—. No todo el mundo consigue pasar de cero a cien en menos de un año como has hecho tú. Y mucho menos, llenar un teatro.

—Y no es que no tengas nuevos seguidores —interrumpió John—. Es que has llegado a ese punto en el que algunos te dejan de seguir.

Mi cara no pudo evitar reflejar la angustia al escuchar aquello. ¿Por qué la gente iba a dejar de seguirme? ¿Qué estaba haciendo mal?

—Esto es muy volátil, Nino —me tranquilizó Pepu—. Ya lo verás: de repente la persona que te escribe comentarios a todas horas desaparece. Y el que te adora se acaba olvidando de ti.

—¡Por eso hay que seguir haciendo cosas! —contestó Linda con una sonrisa—. Esa es la razón por la que nosotros no paramos quietos.

—Nuestro momento ya ha pasado, Linda —continuó Pepu, algo triste—. Por eso estamos haciendo lo de Punta Cana. Para tener otra fuente de ingresos. Hace un año y pico, firmábamos campañas de cincuenta u ochenta mil euros. Raquel te lo puede decir. Ahora...

—Pepu, por favor —le susurró Linda, sin perder una sonrisa que ocultaba más vergüenza que indiferencia—. A esta gente no le interesan nuestros números.

—La verdad es que sí —confesé yo—. Sí que me interesa que me contéis cómo funciona esto porque... Bueno, como ha dicho Raquel, yo hace un año era... nadie.

—Pues mira, chaval —intervino John—. Esto funciona así: de repente, lo petas y creces un montón. Y parece que lo tienes ya todo hecho, ¡pero no! Lo difícil es mantenerse ahí, precisamente, por lo que dice Pepu: esto es muy volátil, muy cambiante.

—¿Por qué te crees que yo te pedí lo de los experimentos? —me dijo Carly mientras me acariciaba la nuca—. Necesitaba generar otras tendencias.

—A nosotros lo de la pedida nos ha venido de maravilla, la verdad —confesó Linda entre risas.

—A la gente le encanta el *salseo* y el faranduleo —dijo Raquel—. Pero la clave de todo esto (y eso es algo que ninguno de vosotros debe olvidar) es que disfrutéis del contenido que hacéis. Hay que pensar en la gente, sí. ¿Pero de qué te sirve darle al público lo que quiere si no te gusta lo que haces?

Y entonces volví a pensar en aquel enmascarado romano. Aquel *influencer* con millones de seguidores que, desde que había decidido copiarme el *show* y parte de mi contenido, había supuesto un estancamiento en mis redes. ¿Casualidad?

—¿Y qué hay de Maximoos? —volví a preguntar—. ¿Cómo es posible que él siga creciendo? ¡Después de tantos años! Sigue siendo *trending topic*, haciendo cosas nuevas...

—Porque Maximoos es la persona más camaleónica que existe —me explicó John—. Él es fiel a la tendencia y al momento. ¿Que hoy hace falta hablar de manzanas? Pues hablo de manzanas. ¿Que mañana son peras? Pues a por ello.

—No es casualidad que esté bajo una máscara, Nino. Es un rostro imperecedero para un contenido que se va renovando constantemente —intervino Carly—. Y eso es lo que hace que sea quien es. Ninguno de nosotros podríamos hacerlo porque tenemos un rostro real. ¿Te imaginas que Gotham supiera que Bruce Wayne es Batman?

Y entonces algo hizo un clic en mi cerebro. Como si, de repente, todas las piezas del puzle se fueran colocando para formar una nítida imagen. Pasé mi mirada por cada uno de mis compañeros de agencia. Todos ellos tenían su perfil público, su forma de ser en redes. Eran un personaje más de aquel mundo llamado internet. Pero ¿qué pasaría si tuvieran un *alter ego* dentro de su propio personaje? ¿Qué pasaría si uno de ellos tuviera otra identidad con la que poder generar esa tendencia constante sin que importase su verdadero yo? Como Bruce Wayne, que separaba al personaje magnate y millonario del justiciero enmascarado bajo el disfraz de un murciélago.

¿Y si uno de los que estaban ahí sentados conmigo era Maximoos Life?

Sí, podría ser. ¡Sin duda! Tenía todo el sentido del mundo. ¡Esa era la razón por la que no mostraba su rostro! Generaría discrepancias y envidias dentro de la propia agencia, mientras que si lo mantenía oculto seguiría manteniendo esa admiración tan poética. Porque era inalcanzable, alguien que no conocían, alguien que veían con los mismos ojos que el resto de sus seguidores. Alguien aspiracional.

Pero ¿quién?

¿Quién de todos aquellos sería el *influencer* más grande de LifeDreams?

Volví a estudiar cada rostro. Cada gesto. John podría, ¿no? Al fin y al cabo su contenido era tan polémico que era el que más motivos tenía para poseer un lado «bienqueda» con el mundo. Pepu y Linda podían jugar a alternarse el uno con el otro; sería muy fácil para ellos llevar la identidad de Maximoos Life entre dos. Como si fueran cómplices de un asesinato y se apoyaran mutuamente en las distintas coartadas.

Y Carly... No. Ella no podía ser.

¿O sí?

¿Y si por eso no quería que nos fuéramos a vivir juntos? ¿No desapareció el día que conocí a Maximoos en aquel evento? Aunque en mi *show* coincidieron los dos, pero... ¿sería algún cómplice el que llevara la máscara? Ella conocía todos mis experimentos antes que nadie. Es más, fue ella quien me pidió que le compartiera las cosas que iban a ser tendencia antes que nadie. Y ahora... Maximoos convertía en tendencia algunas cosas que podrían ser perfectamente mías.

Volví a mirarla. Me la imaginé con aquella máscara romana. ¿Y si mi novia era, en el fondo, el único e imperecedero @MaximoosLife?

156 mil seguidores

Apagado o fuera de cobertura.
¡Hasta el lunes!

Solo tenía una forma de comprobar que Carly y Maximoos eran la misma persona: haciéndola desaparecer. En el buen sentido de la palabra, claro. Tenía que pasar un fin de semana con ella en el que estuviéramos las veinticuatro horas del día juntos para ver lo que hacía. Tenía la excusa perfecta porque, como pareja, nunca habíamos hecho un viaje los dos solos, así que le propuse escaparnos de viernes a domingo a una casa rural. ¿Lo mejor de todo? Buscaría un lugar aislado en el que no tuviéramos cobertura para que así no pudiera comprobar sus redes. Si Maximoos permanecía callado todo el fin de semana, entonces... sería bastante posible que mi novia fuera el rostro que se ocultaba detrás de aquella máscara.

Me costó convencer a Carly para la escapada. Siempre ponía alguna excusa por el trabajo. Un fin de semana era culpa de un evento, al siguiente tenía que ayudar a sus padres a otra cosa, el próximo volvía a trabajar con sus redes... Hasta que, por fin, a finales de julio, coincidiendo con el aniversario de nuestro primer beso, conseguí que me reservara un fin de semana. Es cierto que existían aplicaciones con las que podías programar tus tuits y demás cosas, pero @MaximoosLife era una persona que interactuaba constantemente con la gente y las tendencias diarias (sobre todo cuando se trataba de Twitter), así que tendría que utilizar en algún momento el móvil para hacer todo aquello, ¿no?

Como ninguno de los dos teníamos carnet de conducir, tuve que contratar un VTC que nos llevara hasta la casa que había alquilado, tanto a la ida como a la vuelta. Dejé todo organizado antes de irnos, de tal forma que a nuestro regreso nos recogería en la propia casa a la hora que había estipulado para volver a la ciudad. No, barato no me salió. Pero, por suerte, tenía unos buenos ahorros de las últimas campañas que me había conseguido Raquel y de las entradas de mi único *show*.

La coqueta casa rural estaba en un pequeño rinconcito de una ladera que bajaba al pie de un riachuelo, apartada del pueblo más cercano, a cinco kilómetros. Aquello era un entorno de desconexión perfecto (en su sentido más literal). La hogareña morada estaba formada por dos plantas construidas en madera y piedra. Mientras que en el piso inferior se encontraba un salón con cocina americana y chimenea, el superior lo ocupaba el único dormitorio, que contaba con un gigantesco baño con *jacuzzi*.

—¿Qué te parece? —pregunté, sonriente, cuando dejamos las maletas.

—Muy bonita —contestó sin dejar de mirar la pantalla de su móvil—. ¿Tienes la clave del wifi?

—Eh... —dudé, con cierta exageración porque sabía que aquello me lo iba a preguntar y no le iba a hacer ni pizca de gracia mi respuesta—. No tiene.

—No me jodas, Nino... —protestó incrédula—. ¿Y no crees que deberías haberme avisado de este pequeño detalle, amor?

—Estamos todo el día pegados al móvil. Nos va a venir bien un fin de semana de desconexión total —defendí.

—Ya, cariño, pero esto es mi trabajo —me dijo alzando el teléfono móvil—. Y mañana tengo que subir una foto para una campaña, así que... ¡ya me dirás tú qué hacemos!

—Pues... hablamos con Raquel y listo —dije tranquilo y resolutivo—. Que no haya 5G no significa que no podamos llamar por teléfono.

—Sí, claro. Y también podemos ir a buscar agua al río —añadió irónica.

—Bueno, mañana podemos ir a dar una vuelta por los alrededores. Seguro que en algún punto encontramos cobertura. Hasta entonces... —le dije mientras me acercaba juguetón a ella y le intentaba quitar el móvil de las manos—. Solo estamos tú y yo.

Se cruzó de brazos como una niña pequeña. Yo le acaricié la mejilla, jugué con uno de sus mechones violeta y le di un tierno beso en los labios.

Carly hizo por relajarse y disfrutar del lugar, pero aun sabiendo que su móvil no tenía acceso a internet, lo llevaba siempre consigo. Inconscientemente, lo desbloqueaba para ver si tenía alguna nueva notificación, pero, cuando se metía en las aplicaciones y se daba cuenta de que estaba aislada del mundo, no podía evitar resoplar y poner los ojos en blanco. ¿Tan adicta era a las redes? Reconozco que, de no ser porque estaba más pendiente de averiguar si mi novia era @MaximoosLife, yo también hubiera estado un poco ansioso por no estar conectado.

Pero Carly iba más allá. Estaba nerviosa, alterada. Se la veía incómoda en aquel lugar. Incluso cuando estaba sentada, no era capaz de dejar de mover la pierna. Me recordó a los yonquis que empiezan su periodo de desintoxicación y les sube el mono por culpa de la abstinencia. A ella le ocurría algo parecido con el móvil. Aunque, pensándolo bien, eso es lo que éramos: adictos a las redes, a consumir su contenido y a compartir lo que pensábamos y hacíamos.

¿Estaba cabreada porque no podía trabajar como @Carly_Amaretto? ¿O acaso le agobiaba tener abandonado el perfil de @MaximoosLife? Tampoco podía meterme en internet y ver si había publicado algo para descartar por completo aquella loca teoría, así que no quedaba otra que aprovechar el fin de semana para los dos. Ya haría las comprobaciones a nuestro regreso.

—¿Quieres que aprovechemos la luz del atardecer para unas fotos en el río? —propuse intentando centrarnos en otra cosa.

Funcionó. No había red, pero aquella improvisada sesión de fotos nos sirvió para sentirnos conectados de nuevo con el mundo virtual. A ella más que a mí. En cierto modo, aquello le resultaba productivo porque estaba creando contenido para sus futuras publicaciones. Era una forma de trabajar. Incluso llegamos a grabar un par de vídeos tanto para su TikTok como para el mío.

—La ruta que vamos a hacer mañana tiene unas vistas superchulas —aseguré—. Ya verás, te van a quedar fotones.

Después de cenar unas pizzas, nos tomamos las fresas que compré para el postre en compañía de una botella de champán y un íntimo baño de burbujas en el *jacuzzi* de la habitación. Conseguí calmar a la pantera a la que había despertado. Al menos, durante aquella noche. Sin embargo, yo no podía dejar de sentir la tensión que me provocaba pensar que mi novia me estaba engañando, robando las ideas y haciéndose pasar por @MaximoosLife.

¡Lo que hubiera dado por meterme en Twitter en aquel instante y comprobar si había publicado algo! Le estaba dando demasiadas vueltas a aquella teoría, tenía que dejar de pensar y limitarme a disfrutar. Así que, antes de meternos en la cama, decidí sacar de mi neceser de baño el frasco con el brebaje e ingerir un par de gotas para olvidarme de todo. Además, tarde o temprano iba a tener una tensa conversación con ella y necesitaba cubrirme las espaldas para no bloquearme y saber llevar la situación.

A la mañana siguiente no madrugamos mucho, pero tampoco nos quedamos remoloneando en la cama. Carly estaba ansiosa por volver a estar conectada al mundo y se levantó como una niña en el día de Reyes. Mientras ella se daba una ducha, yo preparaba todas las cosas para la caminata. A las doce del mediodía ya estábamos listos para la excursión y... para comprobar si @MaximoosLife había publicado algo en las últimas veinticuatro horas.

Comenzamos con muchas ganas la ruta de senderismo. Carly no paraba de chequear el móvil cada cinco minutos por si encontraba señal. Cuando, una hora después, no consiguió lo que quería, empezó a frustrarse.

—¿Es que ni siquiera voy a encontrar 3G? —protestó.

—Carly..., ¡disfruta! ¡Mira qué vistas!

278 —Disfrutaré de las vistas cuando consiga publicar la maldita foto.

Aquella manera de hablarme no solo me sorprendió, también me cabreó. Si aquel paseo lo hubiera dado un año atrás, cuando todavía podía controlar las emociones que me despertaba el brebaje, me hubiera callado, controlado e intentado ser lo más comprensivo con ella. Pero *Él* ya formaba parte de mí.

—Oye, relájate, ¿eh? —contesté tajante—. Que desde ayer tienes una cara de perro... Te he traído aquí, en plan sorpresa, para celebrar nuestro aniversario y estar los dos solos. ¡Sin nada!

Carly se empezó a reír. Lo hizo con un punto de histeria y de burla que no me hizo ninguna gracia porque me recordó a su primo en los años de instituto.

—Oh, pobre Nino —me dijo fingiendo unos pucheros—. Tan romántico y peliculero. Te han faltado las flores.

Pero ¿a qué venía aquel tono tan displicente? ¿Qué le pasaba? ¿Estaría así porque no podía meterse en el perfil de @MaximoosLife?

—Carly, te estás pasando —le advertí.

—No, majo. El que se ha pasado has sido tú —me dijo dándose la vuelta hacia mí—, porque no sé en qué momento te ha parecido buena idea traernos aquí. Joder, Nino, que llevas un año metido en esto. Creo que sabes cómo funcionan las cosas y lo que menos me imaginaba era que me ibas a traer a un sitio en el culo del mundo donde todavía funcionan las cabinas de Telefónica.

Carly me volvió a dar la espalda y continuó caminando. La seguí en silencio, respirando hondo. No quería que aquello acabara en una discusión. Solo quería saber si ella era @MaximoosLife. Pensé en preguntárselo directamente. ¿Me diría la verdad?

Continuamos la ruta hasta que llegamos a un saliente que daba al cañón del río que pasaba al lado de casa. Las vistas eran espectaculares. De fondo podíamos escuchar cómo una cascada rompía el silencio de la naturaleza. Varias aves cruzaban sobrevolando el paisaje, como si quisieran formar parte de un cuadro. Carly, por primera vez, contempló las vistas sin importarle su móvil. ¡Qué guapa estaba cuando disfrutaba del momento! La vi tan relajada que decidí captar aquella instantánea con la cámara del móvil sin que se diera cuenta. Encuadré bien la imagen, manipulé la luz y... ¡clic! El sonido hizo que se girara.

—Qué bonita —me dijo con ironía, aparcando el semblante calmado y dedicándome una cara de disgusto—. Debería subirla. ¡Oh! Espera...

—¿Por qué estás tan tensa? —pregunté decidido—. ¿Qué es lo que tienes que subir tan importante?

—Ya te lo he dicho: una campaña. Gorda, además. Son siete mil pavos, así que...

—¿Estás segura de que es solo eso? —insistí.

—¿Por qué más iba a estar tensa, Nino? —me preguntó con una sonrisa incrédula.

—No sé, yo...

¿Se lo decimos? ¿Así de golpe?

—¿Tú...?

—Desde que te propuse lo de vivir juntos, estás distante conmigo —solté esquivando la acusación sobre Maximoos—. Es un hecho.

—Bueno..., es que me sorprendió, sinceramente. No creí que estuviéramos en ese punto.

—¿En qué punto, Carly? —pregunté dejando entrever mis intenciones. ¡Ya no aguantaba más! ¡Necesitaba saberlo!—. ¿Es por nosotros o hay algo más?

El gesto de confusión que vi en su rostro delató que aquello la pilló desprevenida.

—¿Algo más? ¿Qué estás diciendo?

—Carly, quiero preguntarte una cosa y quiero que seas sincera conmigo, por favor —dije muy serio—. ¿Eres Maximoos Life?

Su cara se quedó completamente congelada. La cascada volvió a ser lo único que rompía el silencio que había entre nosotros. Por cómo fruncía el ceño, estaba asimilando la pregunta.

—¿Qué? —fue lo único que pudo soltar, de forma incrédula. De repente, una sonrisa apareció en sus labios—. Espera, ¿crees que yo soy...? ¿Por eso me has traído aquí?

Mi silencio habló por mí. Y Carly estalló en una carcajada.

—¿En serio crees que soy Maximoos Life? ¿Crees que no quiero que vivamos juntos para ocultarte mi otra identidad? —continuó mientras se llevaba las manos a la cabeza sin dejar de reírse—. Ay, Nino..., ¿pero de dónde has salido?

Me lo dijo de una manera tan paternalista que me cabreó más que los comentarios antipáticos que me había estado soltando desde que empezamos la caminata.

—No quieres que vivamos juntos, sabes de primera mano todo lo que hago, siempre que aparece él desapareces... Discúlpame, pero creo que mis sospechas están más que justificadas.

—¿Y qué quieres de Maximoos? ¿Una foto? ¿Un autógrafo? —continuó vacilando—. Nino Pardino, el gran fan de Maximoos Life.

—Te estás pareciendo al tonto de tu primo. ¿Es algún gen que tenéis los Marchetti o cómo va la cosa?

—El tonto de mi primo que es ahora tu mejor amigo, querrás decir.

Me reí con desgana y superioridad.

—Oh, vamos... Sabes perfectamente que Jorge está más solo que la una y...

—Ah, ¿y tú no? ¿Dónde están Leti y Kike?

Como si aquella pregunta fuera un puñal, una daga directa a mi corazón, sentí que mi cuerpo entraba en calor. Todas mis emociones más viscerales estaban a punto de saltar por los aires. ¿Había sido tan mala y cretina de sacar un tema tan delicado y complejo para mí?

—Eso no es justo —respondí, entre dientes, conteniendo la rabia que no quería dejar salir.

—¿Sabes lo que no es justo, Nino? —me dijo acercándose calmada—. Que armes toda esta farsa romántica para averiguar si soy Maximoos.

—¿Y lo eres? ¡Aún no me has respondido!

—¡No, Nino! —gritó llevándose las manos a la cabeza y volviendo a dar un rodeo—. ¡No lo soy! ¿Cómo voy a ser el maldito Maximoos? ¿Estás tonto? —Después, torció el gesto y se acercó de nuevo a mí, seductora—. ¿Te gustaría que lo fuera? ¿Te pone Maximoos Life?

—Carly, para.

Pero ella siguió acercándose hasta que se aferró a mí y me susurró al oído:

—Pensaba que solo me tenía que preocupar de Leti, pero ya veo que no.

—¿Qué quieres decir?

—Oh, vamos, mi niño... —me dijo acariciándome la mejilla con aquel tono paternalista que cada vez me sacaba más de mis casillas—. Sé lo que sientes por ella. Y sé que no puedo competir con eso. Sé que me quieres, pero... Bueno, son dos clases de amor. Y lo entiendo. Porque yo también te quiero. Por eso no te dije que se había liado con Kike en mi casa la noche de la graduación. Porque sabía que te destrozaría.

¿Cómo? La confesión me dejó aturdido.

—Lo... ¿Lo sabías? —conseguí articular.

Ella sonrió con malicia y juntó sus labios con los míos en un beso que me supo tan amargo como la situación.

¿Carly sabía que mis mejores amigos estaban liados y no fue capaz de decírmelo? ¿Ni siquiera después de tanto tiempo juntos?

Otra mentirosa. Más secretos. Más engaños.

No, no podía ser. ¡No podía estar pasando aquello!

—Mientes... —dije entre dientes—. ¡Mentirosa!

—¡No, Nino! ¡Aquí el único mentiroso eres tú! ¡Que intentas crearte una realidad paralela porque no eres capaz de asimilar que tu vida...

—*Basta...*

—... gira en una dirección que no te gusta! ¡Porque estás perdido! ¡Tienes miedo!

—*Cállate...*

—¡No! ¡Estoy cansada de callarme! ¡Sé valiente por una vez y enfréntate a tus sentimientos! ¿Cómo quieres que nos vayamos a vivir juntos cuando estás enamorado de otra persona?

—*¡Que te calles, joder!*

La rabia se apoderó de mí en un segundo y la descargué dándole un empujón tan fuerte que Carly se tropezó y... desapareció. No le dio tiempo a gritar. Ni siquiera escuché el golpe de su cuerpo contra las rocas o el agua.

—¡Carly!

Me asomé al precipicio de más de veinte metros de altura sobre el que me encontraba. Abajo, un río bravo se llevaba el cuerpo inerte de mi novia.

—¡CARLY! —grité.

Tenía... Tenía que salvarla. ¡Tenía que rescatarla! Seguro que se había quedado inconsciente y...

No podía bajar. No había forma de llegar hasta ella. La fuerza del agua siguió arrastrando su cuerpo por el cauce del río hasta que dejé de verlo.

Desbloqueé mi teléfono móvil para llamar a los servicios de emergencia, pero en aquella zona no había ni una raya de cobertura. Así que corrí por el camino que habíamos andado hasta que llegué a la casa y, por fin, pude contactar con la policía.

Encontraron el cuerpo sin vida de Carly en una de las orillas del río, varios kilómetros más allá de donde... se cayó. Porque eso fue lo que dije en mi declaración, que había sido un accidente: estábamos haciéndonos fotos y, de repente, se resbaló y cayó por el precipicio. Me pidieron mis datos para la investigación, así como mi teléfono móvil. Imaginé que tenían que descartar un montón de cosas, incluida la posibilidad de homicidio.

No pude decírselo a sus padres. Ni siquiera a su primo. Cuando llegué a casa estaba en estado de *shock*. ¿Qué había hecho? ¿Cómo se había podido descontrolar todo tanto? Había... ¡Había matado a Carly!

No es tu culpa. Si no hubiera mencionado a Leti, no habrías...

Su voz, como siempre, resonó por todo mi cuerpo.

—¡Cállate! —grité mientras quitaba el pequeño espejo que tenía en la entrada de casa.

Aquello no me podía estar pasando a mí. No era posible. Tarde o temprano averiguarían que había sido yo y entonces... ¿me encarcelarían?

Agarré el maldito frasco con el brebaje, dispuesto a deshacerme de *Él*.

—Dios mío… —me dije llevándome las manos a la cabeza—. ¿Pero qué es lo que he hecho?

167 mil seguidores

Gracias a todxs por vuestros mensajes.
Voy a desaparecer unos días de aquí.
Tengo mucho que asimilar.

El funeral de Carly Marchetti fue muy íntimo. Tan íntimo que ni yo ni nadie relacionado con el mundo *influencer* pudimos asistir por petición de la familia. No me sorprendió en absoluto: Carly mantenía a su familia completamente alejada de las redes, hasta el punto de que ni yo mismo llegué a conocer personalmente a sus padres. Además de ella, Jorge fue el único Marchetti con el que me relacioné.

¿Hasta qué punto conocía a Carly? Sabía que su familia era muy conservadora y cerrada, pero a ella no le faltaba ningún lujo. ¿Aceptaban que su hija fuera una superestrella de internet? ¿Verían su contenido? En cierta manera, aunque Carly ya no estuviera, todas sus fotos y vídeos seguían colgados en la red. ¿Borrarían su perfil o lo dejarían como un homenaje? Su primo fue quien escribió la publicación dando la terrible noticia y la colgó en las redes de la difunta. El suceso corrió como la pólvora por todo internet: amigos, compañeros de profesión, medios... Hubo noticias que recordaban el trabajo de la *influencer*, otras que, directamente, ponían titulares tan sensacionalistas como «Muere una joven *influencer* por intentar hacerse un selfi desde un barranco». Y, por supuesto, sus seguidores. Fue muy impactante ver cómo durante veinticuatro horas le hicieron un homenaje constante, lleno de fotos, vídeos y mensajes preciosos con su propio *hashtag*. Pero más impactante aún fue ver cómo, al día siguiente, la noticia quedó aparcada en el cajón porque otro suceso estaba en boca de todos. Internet ya se había despedido de @Carly_Amaretto y la vida seguía.

Que @MaximoosLife publicara un tuit con sus condolencias públicas me confirmó que Carly decía la verdad. Y aquello... me terminó de hundir. Toqué fondo y el golpe fue muy doloroso.

Las autoridades declararon que la muerte de Carla Marchetti fue un accidente. Los únicos testigos del suceso fuimos yo y mi teléfono móvil, que fotografió a Carly momentos antes de que se precipitara por el barranco o..., mejor dicho, que la empujara.

Había matado a una persona. Era una realidad, independientemente de que se catalogara como un accidente. ¿Cómo podía continuar con mi vida normal? ¡No podía hacer como si nada! Yo había matado a Carly. No fue un asesinato premeditado, pero aquel empujón que le di cuando mencionó a Leti contenía tanta rabia que... Lo sabía. Sabía que tenía el precipicio detrás. Fue solo un segundo. Pero no lo pensé. ¡No pensé en nada! ¡Simplemente, me dejé llevar!

Di un golpe sobre la mesa de laboratorio y tiré al suelo todo lo que había sobre ella.

Mierda, mierda, ¡mierda!

¿En qué me había convertido? ¿Qué me había hecho aquella poción? Qué doloroso es saber que las últimas palabras que nos dijimos fueron tan viscerales, ponzoñosas, duras... Pero más doloroso aún era saber que si Carly dijo todo aquello fue porque de verdad lo pensaba. Carly conocía mis sentimientos hacia Leti y yo no tenía el valor de hacerles frente.

No me digas que esto va a ser un obstáculo...

Escuchar su voz me hizo mirar de reojo la nevera en la que guardaba el compuesto, así como el pequeño cultivo que tenía con las flores de loto. Decidido, me levanté y volqué el pequeño invernadero con la misma rabia con la que había destrozado mi mesa. Pisé cada planta, cada gramo de tierra. Escupí sobre ellas furioso, con mis mejillas mojadas por las lágrimas fruto de la culpabilidad y el arrepentimiento. Abrí la nevera y agarré todas las probetas que tenía con el compuesto, listo para ser consumido. Aquel líquido azul me había arruinado la vida. ¿Y de quién era la culpa? ¡Mía, por supuesto! ¡Un fracaso científico!

Fui directo al baño dispuesto a arrojar todas las pociones por el retrete y tirar de la cadena. Pero entonces, ocurrió. Me topé conmigo mismo. Con mi rostro. Me vi reflejado en el espejo del lavabo y *Él* tomó el control. Me miró furioso. La misma mirada de odio que tenía yo por el compuesto la tenía él hacia mí porque sabía lo que quería hacer.

No voy a dejarte hacer eso.

El pecho me vibró más que nunca. Sus ojos me tenían completamente dominado.

—Me has destrozado la vida —lloré.

Una carcajada salió de mí. La sensación de dolor e impotencia se mezclaba con la del orgullo y la rabia.

No puedes ocultarme. Ya no. ¿No te das cuenta de que yo también soy tú? ¿De que este extraño al que tanto temes forma parte de ti? Siempre he estado aquí. Lo único que has hecho ha sido encender el interruptor.

—No... Yo jamás podría...

¿Matarla? Oh, por favor, no te hagas ahora la víctima. Pudiste darte la vuelta y no empujarla, pero... lo hiciste.

—¡NO! —grité impotente acercándome al espejo—. ¡Tú lo hiciste! ¡TÚ!

¡No hay ni un YO ni un TÚ, imbécil! ¡Somos dos caras de la misma moneda! ¡Los dos giramos! Si uno de los dos se para, el otro también. ¡Míranos! ¡Mira lo que has hecho!

—Esto es un desastre... —confesé derrotado—. ¡Eres un maldito desastre! ¡Un fracaso!

De repente, fue *Él* quien dio un puñetazo al otro lado del espejo. El cristal se rompió de inmediato y una mano me agarró por el cuello. Tenía tanta fuerza que no pude evitar que me arrastrara hacia *Él*, dejando mi rostro pegado contra mi reflejo en el frío espejo, juntando mi frente con la suya.

Soy lo mejor que nos ha pasado. Te he mejorado. Te he hecho grande. He conseguido que nos admiren y envidien, nos amen y nos odien. Todos conocen nuestro nombre. Lo han gritado.

—¿A qué precio? —pregunté sintiendo el ahogo de mis pulmones.

Al necesario. Porque para eso me creaste, para hacer lo que había que hacer.

—¿Alejándome de mis amigos? ¿De mi familia? ¿De mi carrera? —balbuceé—. ¡Lo has estropeado todo!

¡Cállate!

—¡No! ¡No quiero seguir con esto! ¡No pienso seguir con esto! —grité desconsolado como un niño pequeño—. ¡Esto no es real! ¡Tú no eres real!

¡NINO!

—¡No existes! ¡Yo te he creado!

¡No puedes esconderme! Lo sabes, ¿verdad? ¡No puedes deshacerte de mí! ¡Formo parte de ti!

—Eso ya lo veremos, monstruo.

Con un empujón, conseguí librarme de *Él*. Su mano me soltó y caí al suelo. El espejo volvió a su estado normal, como si no hubiera pasado nada. Me incorporé, asustado, y comencé a vaciar todas y cada una de las probetas en el retrete. El agua se tiñó de azul y, con cada compuesto que soltaba, más intenso se volvía. Respiré hondo y tiré de la cadena. Ya no podría beber más de aquel compuesto, por tanto... se tendrían que pasar los efectos en algún momento, ¿no?

Cuando volví a cruzarme con mi rostro por delante de aquel espejo, le volví a ver. *Él* estaba tranquilo, cruzado de brazos, con una orgullosa sonrisa lobuna.

¿Crees que tirando todo el compuesto voy a desaparecer? Llevas bebiéndolo mucho tiempo. Ya no me hace falta el compuesto para salir.

Rabioso, di un codazo al cristal con tanta fuerza que estrocé el espejo, haciéndolo añicos.

Regresé nervioso a mi cuarto. ¿Qué podía hacer? Cómo podía sacar de mí a aquella bestia? ¿Y si invertía el ompuesto? El hombre misterioso me dijo que podía deshacer lo que había hecho. ¿Estaría a tiempo? ¿Podría...?

Demasiado tarde. ¡Formo parte de ti!

Su voz retumbó en mi pecho, como si estuviera vacío or dentro.

—¡Cállate! —grité cubriéndome las orejas con las nanos—. ¡Deja de hablarme!

Tenía que confesar. Tenía que ir a la policía y decir que abía matado a Carly. Así me detendrían y si yo estaba n una cárcel, *Él* también. Podría funcionar. Sería la única forma de hacerle desaparecer y, cuando mi organismo ubiera vuelto a su estado normal, entonces...

Entonces volvería a aparecer. ¡Me has despertado! ¡Y he enido para quedarme! ¡Somos dos caras de la misma moneda!

—¡Para, por favor! —sollocé—. ¡Para!

Me tumbé en el suelo y me abracé sin dejar de llorar.

Qué solo me sentía... Qué doloroso era lidiar con aquel error sin el apoyo de mi familia. Sin los consejos de mis amigos...

—Leti... —balbuceé en un llanto, llamándola como si fuera a aparecer—. Lo siento... Lo siento mucho...

Necesitaba ayuda. ¡No podía hacer aquello yo solo! Era un yonqui incapaz de esconder la droga y lidiar con los efectos del mono. Necesitaba a alguien que me atara, que me ayudara. Alguien que supiera apagar el interruptor cuando hiciera falta.

—Leti... —repetí.

Me sequé las lágrimas, fui directo a mi móvil y, sin pensarlo dos veces, marqué su número.

Un tono.

Otro.

Y, al tercero, descolgó.

—¿Nino? —preguntó confundida.

—¡Leti! —contesté emocionado y asustado, todavía con el llanto en mi voz—. Oh, Leti... Lo siento. La he cagado. Yo... Yo... Todo es culpa mía. Necesito ayuda.

—Nino, ¿qué te pasa?, ¿dónde estás? —me preguntó mi amiga asustada.

—Estoy... Estoy... en casa. En mi casa.

Como venga, la mato.

Aquella frase me hizo girarme de inmediato. Me volví a topar con mi rostro en el otro espejo que tenía en el salón.

—¿Qué? —pregunté atónito.

—Voy para allá, ¿vale? No te muevas.

—*Tranquila* —contestó *Él* por mí, sonriente, sin que yo pudiera quitar los ojos de mi reflejo—. *No me moveré.*

Y colgó.

—Como se te ocurra hacerle daño, yo...

¿Tú...? ¿Qué? Ella es un problema, Nino. ¿Y qué hacemos con los problemas?

Eran los espejos. ¡Los malditos espejos! Verme en ellos le daba poder.

—¡Te odio!

Grité aquello mientras tiraba el móvil contra mi reflejo y este se hacía añicos.

Tenía que marcharme de aquel sitio. Leti vendría y, si no era capaz de controlarme, entonces... podría poner su vida en peligro. ¡Todavía tenía tiempo! Ella no sabía mi nueva dirección, primero iría a casa de mis padres. Por tanto, tendría tiempo de sobra antes de que me encontrara.

Recogí mi móvil del suelo. La pantalla se había roto, pero todavía seguía funcionando. Metí en una mochila algo de ropa, el trípode, mi cartera y, antes de salir de aquella casa, recogí los pétalos que había pisado para preparar el último experimento que iba a poner fin a todo.

«Lo mismo que hace, deshace».

Tenía que acabar con aquello. Y solo había una forma de hacerlo.

Con aquella maldita flor azul.

Huí de mi casa y fui directo a un hostal barato en el que nadie me molestara. Pedí una habitación luminosa y alejada, rellené el formulario pertinente, pagué en efectivo y me encerré en la quinta planta de un viejo edificio del barrio. Cubrí todos los espejos con las sábanas y las toallas, monté el trípode y...

Aquí es donde he empezado a contar esta historia.

Y aquí es donde debo ponerle punto y final.

Lo que empezó siendo un experimento para potenciar mi valentía se ha acabado convirtiendo en mi condena. Supongo que vivir una doble vida es lo que tiene. Y ya no hablo solo de las redes sociales. Hablo de ser quien realmente eres. De ser honesto contigo mismo. Mirarte al espejo y aceptarte con tus virtudes e infortunios. De no engañarte porque..., si lo haces, acabarás por no reconocerte. ¿Y todo por qué? ¿Por ser como el resto?

Supuestamente, he hecho todo esto para ser más valiente, pero ¿lo he conseguido? No. El experimento ha fracasado porque, en el fondo, solo he ocultado una realidad innegable. Sigo siendo un cobarde. Inventar el compuesto solo ha servido para no hacer frente a mis miedos. Solo ha servido para despertar ese extraño que todos llevamos dentro. Ese animal ansioso por el poder que solo quiere satisfacer sus necesidades, ser el rey de la selva... Al fin y al cabo, no dejamos de ser animales. ¿Y qué es, si no, una persona que solo piensa en su propio beneficio? ¿No es equiparable al león que actúa por puro impulso?

No tardo mucho en grabar toda mi confesión. Hablo del compuesto, de cómo me cambió y, por supuesto, hablo de Carly y mi obsesión por @MaximoosLife. Cuento también lo que de verdad ocurrió en aquella casa rural y desmiento que fuera un accidente. Cuando termino, dejo reposar el vídeo unos instantes antes de hacerlo público. Me tumbo sobre la cama y me dejo llevar por mis pensamientos durante un momento.

Pienso en aquel chaval inocente, a punto de terminar el instituto, asustado por el futuro de la vida adulta y de su nueva etapa universitaria. Aterrado por la idea de quedarse solo, sin sus dos mejores amigos. Un chaval con un futuro prometedor como científico que se acabó convirtiendo en una marioneta de sus propios miedos, en un ególatra adicto al reconocimiento.

¿Cuándo sería suficiente? ¿Acaso quería a Carly de la misma forma que a Leti? ¿Acaso tuve el valor de aceptar mis sentimientos? ¿De aceptar mi forma de ser?

Desbloqueo el móvil y busco en la galería de fotos el selfi que me hice al cumplir los dieciocho con Leti y Kike. Una sonrisa llena de tristeza se me dibuja en el rostro. Si les ocurriera algo por mi culpa...

Mi rostro se endurece. Abro Instagram y preparo l publicación con el vídeo que acabo de grabar. Lo reviso.

—Tengo algo que contaros... —me veo decir en l pantalla.

¡No lo hagas!

Su voz vuelve a retumbar por todo mi pecho. Sient miedo. Y sonrío.

Publico la confesión.

Después voy a la mesilla de la cama en la que teng preparado el compuesto que he creado hace unas hora en mi destrozado laboratorio: un veneno mortal azul tan eficaz como indoloro, hecho a base de una sobredosi de los pétalos de la flor de loto.

—Por ti, Nino —brindo.

Entonces me bebo de golpe el líquido.

Me echo en la cama.

Cierro los ojos.

La luz se apaga.

Y yo siento que brillo. Más que nunca.

Epílogo

#RIPNinoPardino

Raquel cerró el portátil de golpe y suspiró. Llevaba trabajando casi veinticuatro horas seguidas desde que Nino Pardino publicó aquel vídeo en el que no solo confesaba su locura de experimento, sino que también hablaba de la agencia, sus *influencers* y ensuciaba por completo la reputación de LiveDreams.

Pero, por suerte y gracias al contrato que había firmado el difunto, Raquel pudo meterse en las redes de @NinoPardino antes de que el vídeo se difundiera y eliminarlo. Tan solo tuvo unos pocos cientos de visualizaciones y aquello fue lo que más quebraderos de cabeza le dio. ¿Cómo podrían solucionar la metedura de pata?

Afortunadamente, LiveDreams era pionera en tecnología. Conocía a la perfección el funcionamiento de las redes. Y todo se lo debían, por supuesto, al proyecto Maximoos Life.

Ocultar una inteligencia artificial bajo el perfil de un famoso *influencer* fue lo que hizo que la agencia de talentos creciera como la espuma. Gracias al estudio de algoritmos y tendencias por parte de Maximoos Life, no solo sabían las campañas que podían funcionar mejor, también eran capaces de convertir en tendencia lo que quisieran. ¿Una marca necesitaba ser *trending topic*? ¿Un partido político quería que se hablara de un asunto? Ahí estaba LiveDreams y @MaximoosLife para hacerlo realidad por un precio que no todo el mundo era capaz de pagar.

Raquel pensó en Nino y en su obsesión por conseguir averiguar quién se ocultaba detrás de la máscara romana, detrás del *influencer* más grande de LiveDreams. Soltó una risotada cansada por la nariz y volvió a tocarse las sienes.

¿Cómo hubiera reaccionado si hubiera sabido la verdad?

¿Qué hubiera hecho si se hubiera enterado de que @MaximoosLife era, en el fondo, una máquina que analizaba los comportamientos de los usuarios en internet gracias a su desarrollada y vanguardista inteligencia artificial?

Mantener oculto aquel secreto era clave para que LiveDreams siguiera creciendo, prosperando y generando ingresos. ¡Qué difícil era coordinarse con los otros representantes del equipo para meterse debajo del disfraz de Maximoos! Todavía recuerda la intensa preparación que tuvieron que hacer para que todos los que fueran a llevar la máscara tuvieran los mismos gestos y formas de expresarse. A pesar de llevar un aparato que distorsionaba la voz, todos debían hablar de la misma forma. ¡Menuda locura! ¡Qué difícil era sacar todo aquello adelante! Fue uno de los motivos por los que Raquel decidió centrarse n una labor de representación directa con los propios *in-luencers* en vez de estar pendiente de alimentar y mante-ıer la farsa de Maximoos Life.

Su trabajo era clave para que el secreto permaneciera ›culto. Y, si aquello implicaba perder a grandes *influencers* omo @Carly_Amaretto o @NinoPardino, era un precio que enían que pagar. Si Maximoos funcionaba era porque era mperecedero, inmortal y, principalmente, porque no era ıumano. Con aquella máquina no solo entendían el fun-:ionamiento de internet, también lo controlaban y era la ›ropia agencia quien decidía lo que se consumía y cómo se ıacía.

Raquel se preparó para meterse en la cama y dormir as horas necesarias después de la paliza que se había dado en solucionar todo lo de Nino Pardino. El *hashtag* que había creado ya era tendencia en todo internet, más aún cuando se había anunciado el suicidio del *influencer* por no haber soportado la muerte de su novia.

¡Cómo le gustaba a todo el mundo una buena historia! ¡Un buen drama! ¡Y qué mejor que cerrar aquella con un pequeño guiño a Romeo y Julieta!

Aunque, en el fondo, ella sabía que la historia de Nino Pardino era otra. Quizá más relacionada con aquel cuento de terror de Stevenson en el que un obsesivo y reputado científico llamado Jeckyll creó por un error un monstruo que se hacía llamar Mr. Hyde.

Pero ¿a quién le importaba aquello?

12,2 mil seguidores

Pues ya está. Punto y fina

Esto es lo que he escrito ahora mismo en mi cuenta d Twitter a 24 de diciembre del 2021. Es curioso que just termine esta novela donde la empecé: desde Málaga, m segunda tierra, en la casa de mis padres. Y es más cu- rioso aún que lo haga aquí cuando Madrid y mi barrio Chamberí, se han convertido en un personaje más de este viaje al que he decidido bautizar *Gritarán mi nombre* Pero ha llegado el día en el que, por fin, he terminad esta historia.

Mi tercera novela en solitario se convierte en la que más me ha costado escribir hasta la fecha. Comencé esta historia sin prepararme ningún esquema ni escaleta. Empecé a escribir sin saber cómo iba a terminar. Pero al llegar a las cincuenta páginas me quedé en blanco y me di cuenta de que yo, en el fondo, soy muy de preparar las cosas. Así que me quedé con varios fragmentos de lo que había escrito y decidí empezar de cero. ¿Por qué me ocurrió esto?

Pues... porque no sabía lo que quería contar. O, mejor dicho, sabía lo que quería contar, pero no tenía ni idea cómo hacerlo. Sabía que quería desmitificar el mundo *fluencer*, hablar de la otra cara de la moneda que solo nocemos los que hemos vivido en él. Desmontar ese ncepto que tienen muchos chavales que «quieren ser *fluencers* porque ganan mucho dinero sin hacer nada». o que el resto del mundo ve como algo real, en el fondo, una ilusión virtual que es completamente manipulae por el creador de contenido. Quería hablar de la doble lentidad, de las falsas apariencias, de los egos, del dineo que se mueve en esta industria, de los mitos y, sobre odo, de lo volátil y cambiante que es. No te engaño: un ía puedes estar en boca de todo el mundo y al día siuiente nadie se acuerda de tu nombre. Esto es algo que a pasado desde siempre. Solo unos pocos consiguen estar en el podio y permanecer ahí arriba. Maximoos Life, ay cuatro contados.

Pero también quería hablar de los miedos que tiene cualquier chaval a punto de terminar el instituto. Miedos que hemos tenido todos. Y es aquí donde reside el otro pilar de la historia: el miedo. ¿Hasta qué punto actuamos por ese miedo? ¿Cuántas decisiones son fruto del pánico? He querido crear un personaje que es presa de sus propios miedos hasta el punto de corromperlo por completo.

Ojalá la historia de Nino te haya hecho reflexionar acerca de la vida real y la virtual. Ojalá sus vivencias te hayan descubierto otra cara más desconocida del mundo de la fama. Que lo de ser millonario es un mito. Y lo de ganar dinero sin hacer nada, otra mentira. Esto es una profesión, como cualquier otra. Y quien quiere vivir algo tiene que trabajar muy duro.

Gracias por acompañarme en este viaje y por ele esta historia. Nos leemos por *mail* o redes. Que, si h algo bonito en esta vida virtual, es que las distancias existen y la comunicación es directa.

Con am

Manu Carba

@Karba

mail@manucarbajo.co

Aquí acaba este libro
escrito, ilustrado, diseñado, editado, impreso
por personas que aman los libros.
Aquí acaba este libro que tú has leído,
el libro que ya eres.